Andreas Wellmannn/Regina Zelms

Professionelles Zeitmanagement

Andreas Wellmannn/Regina Zelms

PROFESSIONELLES ZEITMANAGEMENT

Mit Timer und EDV das Büro
jederzeit fest im Griff

GABLER

Die Deutsche Bibliothek – CIP-Einheitsaufnahme

Wellmann, Andreas:
Professionelles Zeitmanagement : mit Timer und EDV das Büro jederzeit fest im Griff / Andreas Wellmann ; Regina Zelms. –
Wiesbaden : Gabler, 1995
ISBN 3-409-19987-X
NE: Zelms, Regina:

Der Gabler Verlag ist ein Unternehmen der Bertelsmann Fachinformation.

Lektorat: Manuela Eckstein

Umschlaggestaltung: Schrimpf und Partner, Wiesbaden
Satz: FROMM Verlagsservice GmbH, Idstein
Druck und Bindung: Lengericher Handelsdruckerei, Lengerich/Westfalen
Printed in Germany

ISBN 3-409-19987-X

Inhaltsverzeichnis

Teil A: Die Zeit war vor dem Menschen da 7

1. Jurassic Park
   Das Chaos mit System im Sekretariat 8
2. Realtime
   Ein schrecklich-normaler Bürotag? 13
3. Schöne neue Welt
   Die Zukunft der Sekretariatsarbeit
   mit Informationsbearbeitung und EDV-Einsatz 20

Teil B: Von ABC-Analyse bis Zielsetzung 27

ABC-Analyse 28
Ablage 30
Aktennotiz 44
Aktenplan 45
Arbeitsplatzorganisation 47
Aufschieberitis 49
Balkendiagramm 51
Besprechungen 53
Besuchsmanagement 57
Biorhythmus 58
Business Reengineering 61
Checklisten 62
Delegation 64
EDV 67
EDV-Arbeitsplatz 72
Eisenhower-Prinzip 75
Entscheidung 77
Gesprächsführung 81

Informationsmanagement 85
Korrespondenz 89
Management by Objectives 96
Neinsagen 98
Netzplantechnik 100
Pareto-Prinzip 105
Planung 107
Post 110
Prioritätenmanagement 118
Projektmanagement 122
Protokoll 124
Reisen 127
Schreibtischorganisation 133
Störungen 135
Streß 136
Tagesplanung 139
T-Dienste 142
Telefon 144
Termine 149
Zeitplanbuch 155
Zettelwirtschaft 160
Ziele und Zielsetzung 162

Teil C: Ende gut, alles gut 167
Realtime (Fortsetzung) 168

Dank 171

Literaturverzeichnis 173

Die Autoren 175

Teil A
Die Zeit war vor dem Menschen da

Jurassic Park

Das Chaos mit System im Sekretariat

„Das Genie beherrscht das Chaos!“ Dieser Satz steht über so manchem Schreibtisch. Im allgemeinen Sprachgebrauch war damit bisher gemeint, daß sich jemand im Durcheinander und in der totalen Verwirrung mehr oder minder gut zurechtfindet. Von der Wortbedeutung heißt Chaos „klaffende Leere“ und gilt als Vorstufe des „wohlgeordneten Daseins“.

3 000 Jahre lang waren in der Philosophie die Definitionen „Leere“, „Auflösung jeglicher Ordnung“, „mächtiges Durcheinander“ gültig. Nun kommen die Chaosforscher und sagen: Chaos ist völlige, nicht mehr berechenbare Unregelmäßigkeit, die im Widerspruch zur Illusion von einer kalkulierbaren Welt steht. Andererseits, so sagen sie, scheint im Chaos auch eine gewisse Ordnung zu bestehen.

Die Chaostheorie wird in dem Dinosaurier-Bestseller von Michael Crichton sehr deutlich erklärt. (Alle kursiv gedruckten Abschnitte in diesem Kapitel sind Zitate aus Jurassic Park von Michael Crichton, München 1991.)

Der Jurassic Park ist von der gesamten Realisierung her ein perfekt durchgeplanter Vergnügungspark mit durch Gentechnik reproduzierten Dinosauriern als Attraktion. Störungen und Fehler können aufgrund weitsichtiger Planung angeblich nicht auftreten. Der Park ist sicher. Doch das perfekt gesicherte Urzeitvergnügen endet im totalen Chaos, weil *„es nämlich große Kategorien von Phänomenen gibt, die von Natur aus unberechenbar sind ... Die Unberechenbarkeit ist in unser gewöhnli-*

ches Leben quasi eingebaut.“ Davon kann jede Sekretärin ein leidiges Lied singen. Die beste gradlinige Planung nutzt nichts, wenn ein „unberechenbarer Chef“ oder ein unverhofft hektisches Tagesgeschäft dazwischenfunkt.

„Linear“, also gleich- oder regelmäßig, läuft kaum ein Tag ab. Einige Konstanten gibt es sicher: Routinehandgriffe, um Kopierer und Kaffeemaschine anzustellen, die EDV, die meist auch das tut, was wir von ihr erwarten. Aber wie kommt es zum Chaos?

Chaosforscher geben auf diese Frage nur eine Antwort: Eine Winzigkeit genügt! Dieses Phänomen ist auch als „Schmetterlingseffekt“ bekannt: *„Wenn in Peking ein Schmetterling mit den Flügeln schlägt, ändert sich in New York das Wetter.*“ Das Insekt im Büro kann vielerlei Gestalt annehmen: der Kopierer, der nicht mehr jedes Blatt Papier einzieht, die schlechte Laune eines Kollegen, der falsche Zungenschlag am Telefon, eine Kleinigkeit, die schwerwiegende Folgen für den Tag hat. Hier entstehen menschliche Turbulenzen, die mit keiner einfachen Gleichung oder überhaupt nicht zu lösen sind.

Warum ein Tag völlig chaotisch verlaufen ist, läßt sich nur in begrenztem Maß feststellen. Wir können, wie in dem folgenden Kapitel „Realtime“, analysieren, **was** schiefgelaufen ist. Jedoch herauszufinden, was die tiefere Ursache ist, das gelingt nicht immer, denn die sichtbaren Wirkungen hängen nicht gradlinig von den Ursachen ab.

„Und die Chaostheorie lehrt uns, daß die Linearität, die wir bei allem, von der Physik bis zur Fiktion, für selbstverständlich halten, einfach nicht existiert. Die Linearität ist eine künstliche Art der Weltbetrachtung. Das wirkliche Leben ist keine Abfolge miteinander verbundener Ereignisse, die nacheinander eintreten, so wie Perlen auf einer Schnur aufgereiht sind.“

Ein typischer Fall für die klassische Sekretariatsarbeit. Keine Sekretärin kann heute genau vorhersehen, wie ihr Tag verlaufen wird, weil sie, weitaus mehr als andere Mitarbeiter, fremdbestimmt arbeitet. Sie hat bisher nur ein kleines selbständiges Aufgabengebiet. Ein großer Anteil ihrer Arbeit wird von außen, von Chef oder Chefin, aber auch von anderen Tageseinflüssen wie beispielsweise dem Telefon bestimmt. Wie Perlen auf einer Schnur mit ewig gültigen Gesetzen und Abläufen stellt sich der Alltag im Sekretariat bestimmt nicht dar.

Wie sieht denn nun der Alltag der Sekretärin aus? Ihre Büroarbeit hat sich während der letzten Jahre verändert. Nicht Schreibarbeiten bestimmen den Arbeitsalltag, sondern die Informationsverarbeitung und Informationsverteilung. Telefon, Korrespondenz, Besucher abwimmeln und vorlassen, arbeiten am Computer, kopieren, das Terminal warmlaufen lassen, den Ficus benjamini wässern, Routine routiniert erledigen, sammeln, ordnen, finden, ablegen, Zeit planen, Prioritäten setzen und durchsetzen, Sitzungsprotokolle anfertigen, erinnern, antreiben und trösten. Das alles wird unter Routine verbucht (siehe auch Kapitel „Realtime“).

Um die vielseitigen Aufgaben bewältigen zu können, müssen rationelle Arbeitsweisen und gut organisierte Arbeitsabläufe den Büroalltag bestimmen. Trotz des herniederstürzenden Chaos versuchen Sekretärinnen, ihr Zeitmanagement und ihre Büroorganiation zu optimieren, um sich selbst und andere zu entlasten. Die Bezeichnung „Zeitmanagement“ ist dabei im Grunde eine kleine Lüge. Im strengen Sinne gibt es kein Management der Zeit, denn Zeit läßt sich nicht steuern. Der Mensch hat die Zeit nicht im Griff. Das Gegenteil ist der Fall: Die Zeit hat den Menschen im Griff – und das läßt sich auch mit noch so vielen Fiktionen und Illusionen nicht verändern. Die

Zeit war vor dem Menschen da. Die Zeiger der Uhren bewegen sich unaufhörlich weiter. Es geht nicht um das Management der Zeit, sondern um das Management unserer Person. Zeitmanagement ist daher das Management des „Ichs“ oder, einfacher ausgedrückt, das „Selbstmanagement“. Sie haben sich im Griff.

Die Idee von Zeit- und Selbstmanagement hat lange historische Wurzeln. Karl der Große benutzte angeblich Kerzen, um sich seine Zeit für die verschiedenen Pflichten als Kaiser einzuteilen. Napoleon beantwortete seine gesamte Korrespondenz grundsätzlich erst nach sechs Wochen, von der Idee ausgehend, daß sich dadurch die Hälfte von selber erledigt hätte.

Industrialisierung, Kapitalismus und vor allem der amerikanische Ingenieur F. W. Taylor veränderten den Zeitbegriff. Ende des 19. Jahrhunderts ließ Taylor in den Fabriken jeden Arbeitsvorgang genau untersuchen, um Zeitvergeudung zu vermeiden. Denn, so seine Überlegung, der Gewinn steigt, wenn die Arbeit in gleicher Qualität schneller erledigt wird. Das neue Zeitgefühl wurde mit einem Zitat von Benjamin Franklin überschrieben: „Zeit ist Geld!“

Unser Zeitbegriff wird sich in der Zukunft durch neue Arbeitstechniken und neue Organisationsstrukturen im Büro weiter wandeln. Im Kapitel „Schöne neue Welt“ lesen Sie, was auf unsere Bürogesellschaft zukommt.

Zeitmanagement im besten Sinn meint *erfüllte*, nicht *gefüllte* Zeit. Es geht nicht um das Notieren aller möglichen Details im Terminkalender oder in einem Zeitplanbuch, sondern um die Auswahl der richtigen und wichtigen Tätigkeiten. Stellen Sie sich nicht die Frage: „Wie kann ich alle anfallenden und beabsichtigten Dinge besser tun?“, sondern fragen Sie sich: „Was sind die besseren Dinge?“ Das ist der Unterschied zwischen

Effizienz und Effektivität. Wenn Sie Dinge tun, um die Sie sich eigentlich überhaupt nicht kümmern sollten, dann praktizieren Sie kein Zeitmanagement. Das schwierigste ist, festzustellen, welche Dinge wir lassen müssen, um bessere Dinge tun zu können, welche kleinen und unwichtigen Dinge wir loslassen, um Zeit für Großes und Wichtiges zu haben, um Prioritäten zu setzen und Entscheidungen zu treffen.

Die Sekretärin ist in diesen Punkten mehr und mehr gefordert. Sie wartet nicht mehr auf Weisung und Erlaubnis, sondern sie ist verläßliche Büro- und Kommunikationsmanagerin mit Organisationstalent. Die Generalistin ist gefragt. Sie sitzt im „Informationsknoten" Büro. Sie wird es zukünftig auch durchsetzen können und müssen, Aufgaben zu delegieren.

In vielen Stellenanzeigen wird schon jetzt auf Verantwortung und Selbständigkeit abgehoben. Leider haben sich diese Eigenschaften noch nicht in den Köpfen aller Vorgesetzten gefestigt. Die meisten erheben „das Dienen" zum absoluten Prinzip („Meine Damen bleiben so lange wie ich!") und fordern ihre Sekretärinnen viel zu selten mit interessanten Arbeiten. In den Stellengesuchen hört sich vielseitig an, was hinterher doch nur „Kassette, Kaffee, Kopierer" bedeutet.

Aber die Entwicklung geht in eine andere Richtung. Tippen wird der Computer zukünftig durch Spracheingabe, das Faxgerät ist im Computer integriert, Terminabsprachen laufen elektronisch, die Ablage läuft per EDV. Hört sich das chaotisch an? Ist das unberechenbar?

Vertrauen Sie auf ein Chaos mit System an Ihrem Schreibtisch. Sie haben alles im Griff!

Realtime

Ein schrecklich-normaler Bürotag?

„Frau Anette Wirrser, 32 Jahre alt, ist Abteilungssekretärin. Sie arbeitet für zwei Sachbearbeiter, Herrn Schilling und Herrn Dressler, hauptsächlich aber für ihre Chefin Frau Leuschner. Ihr Aufgabengebiet ist groß. Ihre Zeit reicht oft nicht aus, deshalb macht sie häufig Überstunden.

Es ist Montag morgen. Frau Wirrser beginnt ihren Arbeitstag pünktlich um 8 Uhr. Sie setzt als erstes den Kaffee auf. Danach folgen die Routinehandgriffe, wie den PC und den Kopierer anstellen, die Blumen gießen etc. Mit einem Blick auf den Terminkalender von Frau Leuschner, stellt sie fest, daß diese um 11 Uhr eine Besprechung mit dem Personalentwickler hat. Sie versucht um 8 Uhr 10 telefonisch einen Besprechungsraum zu reservieren. Der Apparat ist immer besetzt. Frau Wirrser meint sich zu erinnern, daß heute noch weitere Termine für Frau Leuschner vereinbart waren. Diese sind aber nicht eingetragen.

Um 8 Uhr 15 fängt Frau Wirrser mit dem Sichten ihrer Unterlagen auf dem überfüllten Schreibtisch an. Sie findet als erstes einen Stapel Papiere von ihrer Chefin, die am Wochenende „aufgeräumt“ hat. Die Papiere sind „ablagereif“ gekennzeichnet. Frau Wirrser beginnt sofort mit der Ablage. Die Ordner stehen in verschiedenen Büros.

Sie hat noch keine zehn Minuten daran gearbeitet, als das Telefon klingelt. Ihre Kollegin Rita möchte sich mit ihr zum Mittagessen verabreden und nach ein paar Minuten Verhandlung, wer wen abholt, einigt man sich auf ein Treffen in der

Kantine um 12 Uhr. Inzwischen ist es 8 Uhr 35, Frau Wirrser unterbricht die Ablage, holt sich eine Tasse Kaffee und sichtet weiter die Unterlagen auf ihrem Schreibtisch. Sie entdeckt drei Protokollbänder mit der Bemerkung „wichtig" und fängt sofort an, die Textverarbeitung einzurichten. Sie erfährt durch das Schreiben, daß eine Terminkoordination nötig ist. Ihre Chefin und fünf weitere Personen möchten in der nächsten Woche gemeinsam zu Mittag essen. Frau Wirrser fängt um 8 Uhr 45 an zu telefonieren. Sie erreicht drei der fünf Sekretariate und bittet um Terminvorschläge. Ihr wird von allen ein Rückruf versprochen.

Um 8 Uhr 55 kommt ihre Chefin und kurz danach die beiden Sachbearbeiter. Herr Dressler erinnert noch einmal an das achtseitige Angebot, das an die Firma Müller gefaxt werden soll. Es ist äußerst wichtig und für heute früh versprochen. Herr Dressler hatte die fertigen Unterlagen am Freitag auf Frau Wirrsers Schreibtisch gelegt. Sie suchen gemeinsam das Angebot Müller – ergebnislos. Frau Leuschner möchte sofort nach der Besprechung um ca. 9 Uhr 30 die Wiedervorlage.

Frau Leuschner, Herr Schilling und Herr Dressler ziehen sich zur Abteilungsbesprechung zurück. Frau Wirrser würde gerne daran teilnehmen, weil in der Runde auch Informationen ausgetauscht werden, die für ihre Arbeit von Bedeutung sind. Sie hat bisher nicht mit Frau Leuschner darüber gesprochen. Um 9 Uhr 05 findet Frau Wirrser das wichtige Angebot von Herrn Dressler zwischen anderen Unterlagen. Sie geht in die nächste Etage zum Faxgerät. Das Gerät ist defekt. Frau Wirrser muß nun zum Faxen in eine benachbarte Abteilung. Die Nummer ist fünf Minuten lang besetzt. Um 9 Uhr 25 kommt Frau Wirrser wieder ins Büro und hört ihr Telefon klingeln. Als sie abhebt, hat der Anrufer aufgelegt. Frau Wirrser telefoniert wieder mit allen Sekretariaten wegen der Terminvereinbarung – leider weiterhin ohne Ergebnis. Um 9 Uhr 40 kommen alle Kollegen aus der Besprechung. Frau Wirrser nimmt schnell die Wiedervorlage aus der Mappe und legt sie ihrer Chefin, ohne einen Blick darauf zu werfen, auf den Schreibtisch.

Mit den Sachbearbeitern plaudert sie ein wenig über das Wochenende. Danach erhält sie von Herrn Schilling, der für die Auftragsbearbeitung zuständig ist, Materialien für zwei umfangreiche Angebote, die zu erstellen sind. Die notwendigen Erklärungen dauern bis 9 Uhr 50. Das eine beläuft sich über 20 000,– DM und das andere über 800,– DM. Frau Wirrser legt die Protokollbänder zur Seite und beginnt sofort mit der Arbeit an den Angeboten. Frau Leuschner bittet um Unterlagen, damit sie einiges aus der Wiedervorlage bearbeiten kann. Frau Wirrser sucht die Unterlagen heraus. Frau Leuschner möchte ungestört sein. Das Telefon klingelt in der Folgezeit mehrfach. Einige Anrufer verlangen Frau Leuschner, Frau Wirrser sieht sich nicht in der Lage, ihre Chefin abzuschirmen und stellt die Gespräche durch.

Die Angebote sind noch lange nicht fertig, als um 10 Uhr 20 die Post kommt. Nach Umstellung des Tagesstempels beginnt Frau Wirrser die Post zu öffnen, zu stempeln und zu verteilen. Die Postmappe bringt sie der Chefin hinein. Einige Rundschreiben und Zeitschriften sind für Frau Wirrser selbst bestimmt. Sie entdeckt einen interessanten Artikel, den sie von Anfang bis Ende liest. Mittlerweile ist es 10 Uhr 40, das Telefon klingelt schon wieder. Frau Leuschner muß sofort für einen erkrankten Kollegen einen Termin in London wahrnehmen. Sie benötigt dringend die notwendigen Unterlagen sowie ein Flugticket für die nächste Maschine. Frau Wirrser bekommt Kopfschmerzen. Sie bestellt sonst gerne Flüge und stellt interessiert Reiseunter-

lagen zusammen, obwohl es in der Firma eine Reisestelle gibt. Frau Wirrser legt den Artikel zur Seite und informiert die Kollegin in der Reisestelle. Dem Personalentwickler sagt sie ab und vereinbart einen neuen Termin. Dabei fällt ihr ein, daß sie den Besprechungsraum noch nicht reserviert hatte. Frau Wirrser sucht alle für die Londonreise notwendigen Unterlagen heraus und holt sich dann ein Glas Wasser, um eine Kopfschmerztablette darin aufzulösen. Sie führt ein Telefonat mit Ihrer Freundin Maria, um das lang vereinbarte gemeinsame Treffen für 17 Uhr abzusagen.

Inzwischen ist es 11 Uhr 15. Frau Leuschner und Frau Wirrser setzen sich kurz zusammen. Frau Leuschner gibt ihr einige Anweisungen für ihre Abwesenheit und einen weiteren Stapel Arbeit mit der Bemerkung, sie solle nur die wichtigsten Dinge erledigen. Frau Leuschner verläßt um 11 Uhr 30 das Haus.

Frau Wirrser hat das Gefühl, daß ihr die Zeit wegläuft. Mit Grauen denkt sie an eine Kollegin, die ab 14 Uhr für den Rest des Tages eingearbeitet werden muß. Sie sagt ihrer Kollegin Rita das Mittagessen ab, weil sie die Pause durcharbeiten will. Ab 11 Uhr 40 sitzt sie wieder an den Angeboten. Um 12 Uhr kommt Herr Dressler und fragt, ob es schon eine Nachricht von Müller gibt, der das Fax inzwischen erhalten haben muß. Frau Wirrser hat keine Nachricht. Sie unterhält sich noch eine Weile mit Herrn Dressler, der familiäre Probleme hat und sie oft um Rat fragt. Um 12 Uhr 15 geht Herr Dressler zu Tisch und Frau Wirrser arbeitet zunehmend hektischer an den Angeboten. Um 13 Uhr will sie die Entwürfe bei Herrn Schilling abliefern. An seiner Tür hängt ein Zettel: „Habe einen halben Tag Urlaub. Bin morgen um 10 Uhr 30 wieder im Büro.“ Frau Wirrser geht zurück ins Büro und ärgert sich über den Kollegen.

Plötzlich fällt ihr ein, daß montags zwischen 13 Uhr und 14 Uhr immer Büromaterialausgabe ist. Sie füllt schnell ein Formular aus und läuft dann zum Lager, steht in der Schlange, bekommt ihr Material und ist ab 13 Uhr 30 wieder an ihrem Schreibtisch. Dann räumt sie ihren Schreibtisch auf und überlegt, womit sie ihre Kollegin, Frau Helfschmidt, zuerst beschäftigen soll. Bei der Aufräumaktion fällt ihr ein, daß sie so einiges noch nicht erledigt hat: die Protokollbänder, die Terminvereinbarung, die Postmappe, die Wiedervorlage, die weiteren Anweisungen von Frau Leuschner, die Unterlagen, die schon seit letzter Woche auf ihrem Schreibtisch liegen. In denen findet sie unter anderem auch die Urlaubsmeldung von dem Kollegen Schilling ... Außerdem hat sie eine interessante Projektarbeit bekommen ...

Während sie noch überlegt, wie sie das alles schaffen soll, kommt die Kollegin Helfschmidt herein. Sie setzt sich und legt ihr Zeitplanbuch auf den Tisch."

Was sagen Sie zu diesem Ausschnitt aus einem „schrecklich-normalen Tag"? Erkennen Sie sich wieder? Entweder Sie sagen: „Es ist furchtbar, so würde ich nie arbeiten", oder Sie sagen: „Es ist ein ganz normaler Tag, so wie ich ihn kenne". Oder: „Manchmal gibt es solche Tage, die ganz schrecklich sind." Was ist mit unserer Frau Wirrser passiert? Was kann sie verändern? Was kann sie besser machen?

Das folgende Arbeitsblatt ist zur Gliederung eines Tages gedacht. Sie können damit eine Zeitnutzungsanalyse für Frau Wirrser erstellen. Notieren Sie die Zeiten und die Aktivitäten. Was macht Frau Wirrser richtig? Was würden Sie an ihrer Stelle verbessern?

Dieses Arbeitsblatt können Sie dann auch für Ihren persönlichen Arbeitsalltag kopieren und ausfüllen.

Für Frau Wirrser sieht die Tabelle so aus:

von	bis	Tätigkeiten, Aktivitäten	Was ist zu verbessern?
8.00	8.10	Kaffee; PC, Kopierer anschalten	✔
8.10	8.15	Besprechungsraum buchen	rechtzeitig planen
8.15	8.25	Ablage	Mappe statt Ordner
8.25	8.35	Telefonat mit Rita	✔
8.35	8.45	Sichten Unterlagen, finden Bänder	Unterlagen nach Prioritäten ordnen
8.45	8.55	Telefonat wegen gemeinsamen Termin	Gruppenterminplanung per Computer
8.55	9.05	Suche nach Angebot	Eingangskorb
9.05	9.25	Faxen des Angebotes	Faxen vom Arbeitsplatz (aus PC)

Und wie sieht dieses Formular für Ihre eigene Arbeit aus? Fragen Sie sich manchmal, wo die Zeit geblieben ist? Durch die Checkliste erfahren Sie etwas über die Störer des Tages und über die Länge von einzelnen Tätigkeiten. Wie lange brauchen Sie, um ein zehnseitiges Angebot zu schreiben? Wie viele Minuten des Tages sind für Routinehandgriffe verplant? Welches sind Ihre größten Zeitdiebe?

Für ein professionelles Zeitmanagement ist eine Bestandsaufnahme und eine Zergliederung der Tätigkeiten und Zeiten notwendig. Nur durch eine ehrliche und selbstkritische Analyse sehen Sie, wo Ansatzpunkte sind, um Ihren Arbeitsstil konkret zu verändern und auch andere im Unternehmen auf Mißstände hinzuweisen.

Nutzen Sie diese Checkliste persönlich!

von	bis	Tätigkeiten, Aktivitäten	Was ist zu verbessern?

Schöne neue Welt

Die Zukunft der Sekretariatsarbeit mit Informationsbearbeitung und EDV-Einsatz

Im kommenden Jahrtausend wird es das Büro in der bisherigen Form nicht mehr geben. Das sogenannte „fraktale Büro“ wird weitgehend Einzug in den Arbeitsalltag halten, was auch die Schreibtischsituation entscheidend verändern wird. Die zukünftige Entwicklung der Sekretariats- und damit der Bürowelt wird besonders deutlich an der Ausstattung der Arbeitsplätze. Traditionell gab es das Vorzimmer und das dazugehörige Chefzimmer, manchmal erweitert um ein Zimmer für Assistenten.

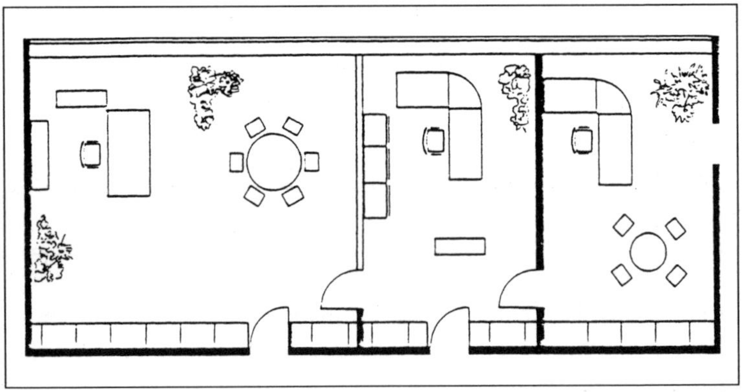

Traditionelle Raumeinteilung

Um die Kommunikation und Flexibilität insgesamt zu verbessern, richteten einige Firmen Großraumbüros ein. Diese Büroform stieß bei vielen Mitarbeitern auf Kritik und Ablehnung, weil sie keinen individuellen Arbeitsbereich hatten und durch

Störungen behindert wurden. Daher hat sich aus den klassischen Einzelzimmern und dem Großraumbüro das **Kombi-Büro** entwickelt.

Im Kombi-Büro hat jeder einen Einzelraum mit einer Größe von etwa neun bis 15 Quadratmetern. Die Tür oder/und die Wände sind aus Glas oder anderen durchsichtigen Materialien. Dadurch ist der Blickkontakt zur Außenwelt gegeben. Das Einzelbüro hat zwar keine Verbindung zu anderen Einzelräumen, ist aber mit dem Gemeinschaftsbüro verbunden, das als Kommunikations- und Informationszentrum dient.

Der Arbeitsplatz der nächsten Generation ist das **fraktale Büro**. Fraktale sind aus der Natur abgeleitete Formen, die miteinander in unmittelbarer Beziehung stehen, auch wenn sie räumlich nicht unbedingt zusammenhängen. Die Veränderung eines Fraktals bedeutet somit eine Veränderung des Ganzen.

Auf unsere Büroorganisation übertragen bedeutet das: Eine starre Struktur, wie sie weitgehend im System des Kombi-Büros zu finden ist, gibt es beim fraktalen Büro nicht. Es muß in hohem Maße flexibel auf Änderungen von außen reagieren können.

Beim fraktalen Büro ist es nicht mehr notwendig, alle Büroarbeitsplätze in einem Bürohaus zusammenzufassen. Vielmehr können sich einzelne Organisationseinheiten an unterschiedlichen Orten in verschiedenen Ländern befinden.

Die weltweite Verteilung einzelner Organisationseinheiten kann nur durch den Einsatz von Informations- und Kommunikationstechnologie realisiert werden. Über Hochgeschwindigkeitsnetzwerke werden alle Informationen in Bruchteilen von Sekunden 24 Stunden lang ununterbrochen um den gesamten

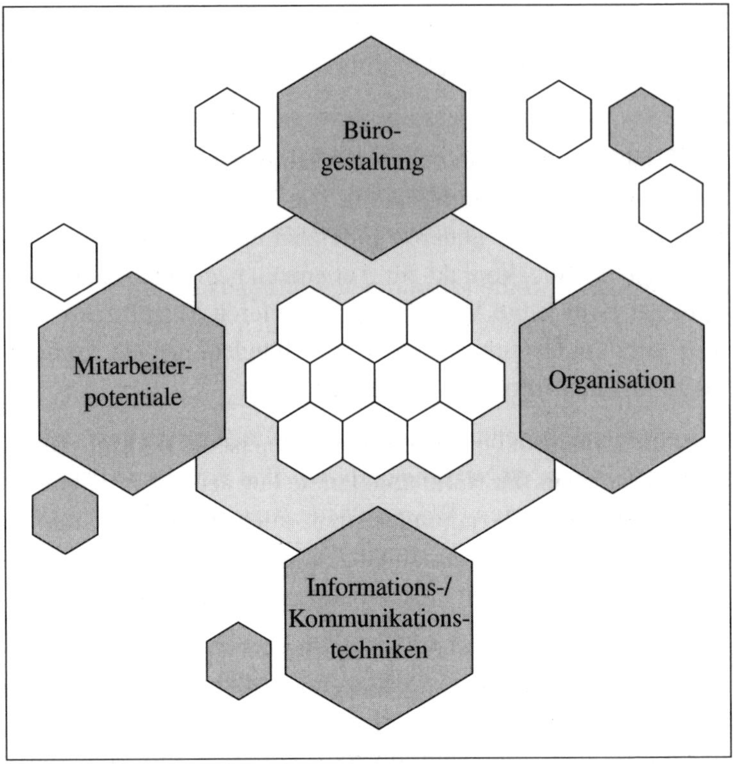

Das fraktale Büro

Globus gesandt. Räumliche Trennung oder gar das Arbeiten in unterschiedlichen Zeitzonen spielen im bereits jetzt angebrochenen Zeitalter der Informationsverarbeitung keine Rolle mehr. Primär wird in Arbeitsgruppen gearbeitet. Diese sich selbst verwaltenden Einheiten sind Profitcenter, also virtuelle Firmen, beziehungsweise kleine Unternehmen innerhalb der Großunternehmen.

Die einzelnen Mitglieder dieser Gruppen müssen nun nicht mehr in einem Raum oder an einem Ort miteinander arbeiten.

Der Arbeitsplatz in den eigenen vier Wänden, der **„Homeworker“**, wird Standard sein.

Um unter derartigen organisatorischen Voraussetzungen sinnvoll arbeiten zu können, werden ausschließlich elektronische Hilfsmittel eingesetzt, zum Beispiel Groupware- und Workflow-Systeme sowie elektronische Archive.

Groupware-Systeme (zusammengesetzt aus **group** = Gruppe und soft = die einen Computer steuernden Programme) unterstützen computergesteuert die Kommunikation und den Informationsfluß bei der notwendigen Gruppenarbeit. Ein betriebsübergreifender Rechnerverbund verwaltet notwendige Informationen in lokalen Netzen (LAN = Lokal Area Network) und in Weitverkehrsnetzen (WAN = Wide Area Network).

Workflow-Systeme (Workflow = Vorgangsbearbeitung) sind eine wichtige Ergänzung zur Groupware. Unterlagen, die verschiedene Stationen bis zur endgültigen Fertigstellung durchlaufen müssen, werden mit Hilfe von Workflow-Systemen unter Kontrolle gehalten. Mittels ihrer Hilfe ist es beispielsweise einem einzelnen Gruppenmitglied möglich, den Bearbeitungsstand einer Anfrage oder den Entwicklungsstand einer Konstruktion, bezogen auf seine eigenen Arbeitsschritte, nachzuvollziehen. Sie können mit einigen wenigen Handgriffen erkennen, bei wem sich das Dokument, das Sie zur weiteren Bearbeitung benötigen, befindet.

Papier gibt es im Büro nicht mehr. Ebensowenig Aktenschränke und Ordner. Alle alten Unterlagen sind vor Jahren bereits in das elektronische Archiv eingelesen, gescannt, worden. Die neu erstellten Dokumente existieren nur noch in elektronischer Form. Dieses elektronische Archiv ist äußerst platzsparend. Die Daten mehrerer Jahre sind auf einigen wenigen CDs oder ähnlichen Speichermedien untergebracht. Um Dokumente schnell wiederfinden zu können, werden sie nach verschiedenen Kriterien gespeichert. So werden sie beispielsweise Kunden, Vorgängen oder Projekten zugeordnet. Verschiedene Schlagwörter pro Dokument erleichtern zusätzlich die Suche. Ein Ausleihen von Dokumenten aus dem Zentralarchiv in Papierform ist nicht erforderlich, da es bei Bedarf auf Ihrem Bildschirm erscheint.

Werden allerdings einmal **Informationen** zu bestimmten Themen gesucht, die sich nicht im firmeneigenen Archiv finden lassen, so wird der **persönliche elektronische Agent** auf Informationssuche durch die Datenbanken dieser Welt geschickt. Die Bringschuld des Informationsgebers wird so zur Holschuld des Informationsnehmers. Bei seiner Rückkehr teilt der persönliche elektronische Agent mit, was er gefunden hat, und beziffert selbstverständlich auch, was die Beschaffung der so gefundenen Informationen kosten würde. Der Mitarbeiter, der Beschaffungsvollmacht hat, kann nun die gefundenen Informationen anfordern. Bei Informationserhalt wird dann automatisch vom Firmenkonto der fällige Betrag abgebucht und an den irgendwo in der Welt agierenden Informationsgeber überwiesen. Selbstverständlich beleglos, da elektronisch gespeichert.

Ein Ausdrucken von Dokumenten ist nicht mehr erforderlich. Weder werden Briefe per Post noch Faxe per Telefonleitung versandt werden müssen. Nachrichten- und Informationsaustausch findet nur noch elektronisch statt. **E-Mail** ist hier als die einfachste Versendungsweise zu nennen. Komplexere Systeme integrieren derartige Vorgänge automatisch in ihre Groupware- und Workflow-Systeme. So können Ihre Kunden sich tagesaktuell Produkt- und Preisinformationen automatisch zukommen lassen. Bei Ihren Lieferanten schauen Sie in die dort vorhandenen Bestandslisten, um Mengen und Lieferfähigkeiten zu überprüfen. Bestellungen sind dann nur noch eine elektronische Formsache.

Das Wort **„Diktat"** wird ein antiquiertes Wort sein. Wenn Gedanken aufgenommen werden müssen, steht die Maschine bereit, die das gesprochene Wort in Schrift umwandelt. Um Mißbrauch vorzubeugen, wird durch ein persönliches Spracherkennungssystem zunächst geprüft, ob auch wirklich der jeweilige Arbeitsplatznutzer spricht. Der aufgenommene Text wird sofort in für die Maschine und damit für jeden Benutzer lesbare Form umgewandelt. Der fertige Text wird dann einem Vorgang oder Kunden zugeordnet. Oder er wird zusätzlich in die **elektronische Wiedervorlage** abgelegt, als Notiz archiviert oder einem anderen Mitarbeiter zur Kenntnis in dessen elektronische Wiedervorlage gelegt. Wenn dieser Text versandt werden muß, wandert er in die elektronische Post.

Ein herkömmliches **Telefon** wird sich nicht mehr am Arbeitsplatz befinden. Wenn mit einem Geschäftspartner telefoniert werden muß, übernimmt der Kollege Computer den Wahlvorgang. Aus einer Datenbank wird der Gesprächsteilnehmer durch einfaches Eingeben des Namens herausgesucht. Dann auf das Telefonsymbol klicken, und schon ist die Verbindung hergestellt. Das geschieht wahlweise mit oder ohne Bild des jeweiligen Gegenübers auf dem Monitor.

Die jeden Morgen stattfindende **persönliche Besprechung** mit dem Chef findet per Bildschirmkommunikation statt. Wobei es vollkommen unerheblich ist, ob diese(r) sich in der Zentrale, zu Hause oder in der Niederlassung in New York befindet.

Gemeinsame **Konferenzen** finden ortsübergreifend auf dem Bildschirm statt. Die Videokonferenz in separaten, eigens dafür eingerichteten Räumen hat ausgedient. Die einzelnen Teilnehmer befinden sich in ihrer gewohnten Arbeitsumgebung. Eine Videokamera am Arbeitsplatz nimmt den einzelnen Teilnehmer auf und überträgt die Bilder an die anderen Konferenzteilnehmer. Auf den Monitoren erscheinen nun die Teilnehmer in verschiedenen Bildschirmfenstern. Über die eingebauten Lautsprecher wird die Diskussion übertragen. Gemeinsam benötigte Unterlagen sind an den verschiedenen Orten im jeweils aktuellen Zustand im System vorhanden. Die einzelnen Gruppenmitglieder sind über das gemeinsam eingesetzte Groupware- System auf die Inhalte und Ziele der Besprechung vorbereitet. Themenbezogen wurden sämtliche Fragen, Ideen und Lösungsansätze den einzelnen Schwerpunkten automatisch zugeordnet.

Schöne neue Welt? Die Ideen sind faszinierend und abschrekkend zugleich. Der gläserne Mensch, Kommunikation per Computer, kein Papier mehr. Nicht die Schreckensversionen George Orwells und Ray Bradburys, deren „Große Brüder" uns alle Informationen vorenthalten, bedrohen uns, sondern die Visionen von Aldous Huxley. Wir werden in einer Flut von Informationen ertrinken. Die Industriegesellschaft stirbt. Es lebe die Informationsgesellschaft! Das Zeitalter des Wassermanns, das technische Zeitalter kommt.

Die Sekretärin hat in der „schönen neuen Welt" noch mehr als heute die Aufgabe, Informationen, die über ihren Computer/Schreibtisch gehen, zu bündeln und zu kanalisieren. Was ist wichtig? Was ist unwichtig? Neue Technologien werden die Arbeitsbedingungen im Sekretariat weiterhin verändern. Organisations- und Informationstalent werden gefragt sein, gepaart mit der Fähigkeit, auch ohne Computer zu kommunizieren. Zeit für ein persönliches Gespräch muß sein; gerade weil wir in der Informationsgesellschaft leben.

Teil B

Von ABC-Analyse bis Zielsetzung

ABC-Analyse

Eine der Entscheidungsprinzipien zur Prioritätenbildung ist die ABC-Analyse. Bei der ABC-Analyse werden die wichtigsten, das heißt, die ertragreichsten Aufgaben zuerst erledigt, da sie den größten Anteil am Erfolg haben. Die gesammelten Aufgaben werden nach **Wichtigkeit** geordnet. Dabei ist zu bedenken, daß die **Dringlichkeit** grundsätzlich nichts mit dem Wert einer Aufgabe zu tun hat (→ Eisenhower)

A-Aufgaben	– unbedingt zu erledigen, sehr wichtig
B-Aufgaben	– wichtig
C-Aufgaben	– weniger wichtig, manchmal delegierbar

Wenn Sie konsequent nach A-, B- und C- Aufgaben sortieren, so werden Sie herausfinden, daß die wenigen A-Aufgaben bereits den größten Teil vom Ertrag bringen (→ Pareto-Prinzip). Umgekehrt wird mit vielen C-Aufgaben nur noch wenig für den Gesamtwert der Arbeit gewonnen.

Denken Sie noch einmal zurück an den Bürotag (Realtime) von Frau Wirrser. Ihre Aufgaben und Tätigkeiten an diesem Montag waren unter anderem: PC anschalten, Kaffee kochen, Kopierer anstellen, Ablage machen, Angebote schreiben, Unterlagen für den plötzlichen Londonflug von Frau Leuschner zusammenstellen, ein Angebot von Herrn Dressler faxen, zur Büromaterialausgabe eilen usw.

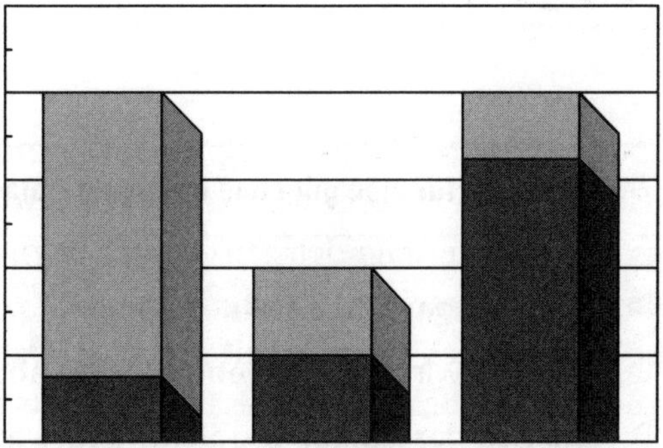

	A-Aufgaben	B-Aufgaben	C-Aufgaben
Menge der Aufgaben ■	15	20	65
Anteil am Wert □	65	20	15

Angaben in %

Darstellung der ABC-Analyse

Unter all diesen Tätigkeiten und Aufgaben befinden sich nur zwei A-Aufgaben, und das sind

1. das wichtige Angebot von Herrn Dressler faxen und
2. kurzfristig die für den wichtigen Londonflug von Frau Leuschner benötigten Unterlagen zusammenstellen.

Selbst wenn sie zu keiner anderen Arbeit kommen würde, hätte sie doch das Wichtigste getan. Das soll nicht heißen, daß die C-Aufgaben nun grundsätzlich ausgeklammert werden können. Auch Routineaufgaben bestimmen den Alltag. Nur wenn Sie nach der Wichtigkeit fragen, erreichen Sie mit A-Aufgaben Ihre → Ziele.

Ablage

Kriterien für eine gute und effiziente Ablage sind:

- Die „Wieder-Finde-Rate" ist hoch.
- Nur das wirklich Notwendige wird abgelegt.
- Die Zeit der Ablage pro Schriftstück ist kurz.
- Die Kosten für den „Unterhalt" der Ablage sind angemessen.

Ablage ist die Tätigkeit, die von den meisten Sekretärinnen ungern gemacht wird. Es stapeln sich oft wochenlang oder gar monatelang Unterlagen, Papiere, Aktennotizen, kurz: alle Informationen, die in einem Unternehmen im Umlauf sind. In der Tat kostet Ablage viel Zeit. Stellen Sie sich vor, Ihr/e Chef/in geht morgen in Urlaub, räumt ordentlich das Büro auf, mit der Folge, daß Sie Berge von Papier auf Ihrem Tisch haben. Es ist ein windiger Tag, das Fenster steht auf, die Tür öffnet sich, und ein Windstoß fegt sämtliche Papiere durch das Zimmer. Ein netter Kollege hilft Ihnen beim Zusammensammeln, und nun liegen 350 Blätter unsortiert vor Ihnen. Wie lange brauchen Sie, um diese 350 unterschiedlichen Blätter abzuheften? Einen Tag, eine Woche, einen Monat? Margit Gätjens-Reuter hat es in ihrem Buch „Ablage" (Gabler Verlag) ausgerechnet. Sie brauchen zwischen 5 und 9,5 Stunden, je nach Art der Registraturform und vorausgesetzt, daß Sie ungestört sind, das heißt kein Telefon, kein Tagesgeschäft.

Die klassischen Ablage-(Registratur)mittel sind der Ordner, die Hängemappe, der Pendelhefter, Kassetten (Archivboxen) und die Flachablage oder der „Komposthaufen“, wo alles übereinander gestapelt wird. Am meisten verbreitet ist der Ordner.

Wenn Sie im Ordner ablegen, brauchen Sie 7,78 Stunden für 350 Blatt Papier. Im Vergleich dazu: Wenn Sie Hängemappen verwenden, benötigen Sie 5 Stunden. Im Pendelhefter sind es 9,5 Stunden.

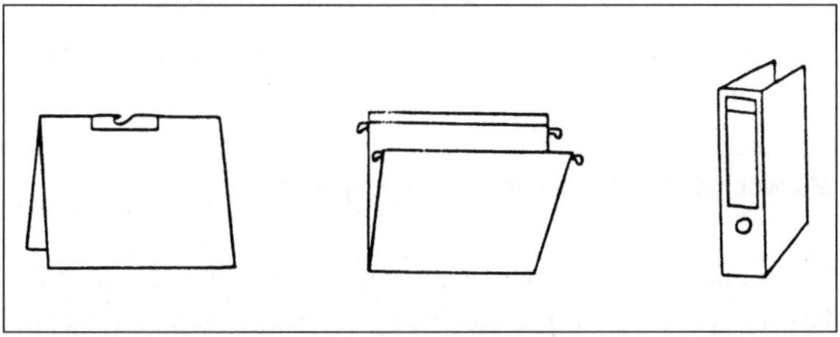

Die Hängemappe (Mitte) ist besonders effektiv

Die Hängemappe ist folglich die effektivste Form der Ablage bei konventionellem Schriftgut, also DIN A4-Blätter.

Es macht einen gewaltigen Unterschied, ob Sie fünf oder acht Stunden mit der Ablage beschäftigt sind. Neben den ersparten Personalkosten haben Hängemappen noch weitere Vorteile: kurze Zugriffszeiten, hohe Flexibilität durch die Anpassung ans Volumen, identische Ablage in allen Stufen, sehr gute Übersicht durch Reiter, ideal für den „Einwurf“ des Schriftgutes von oben. Der größte Nachteil ist die „Loseblatt“-Sammlung. Umgehen läßt sich das nur mit einer Heftvorrichtung innerhalb der Mappe oder mit einem Heftstreifen.

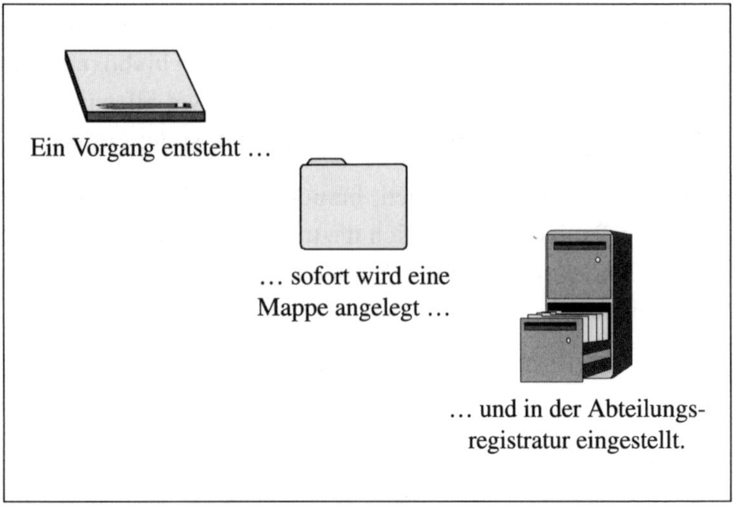

Mit wenigen Handgriffen ist ein Vorgang abgelegt

Wenn ein Vorgang in der Mappe angelegt wird, sind die ersten Blätter aufzuheften. Die weiteren Papiere werden ungelocht in die Mappe gesteckt, und erst wenn der Vorgang, beispielsweise durch die → Wiedervorlage gesteuert, bearbeitet oder gebraucht wird, heften Sie die „losen" Blätter chronologisch auf. Das Aufheften geschieht in dem Moment, in dem Sie die Mappe bearbeiten. Der Ablagevorgang sieht dann so aus:

1. Schrank öffnen
2. Ablagestelle in der entsprechenden Hänge- oder Einstellmappe suchen
3. Schriftstück einlegen
4. Schrank schließen

Dagegen die Ordnerablage:

1. Schrank öffnen
2. Ordner herausnehmen

3. Ordner ablegen und aufschlagen
4. Klemmechanik lösen
5. Ablagestelle suchen und Schriftgut umblättern
6. Aufreihstifte öffnen
7. Schriftstück lochen
8. Schriftstück einlegen
9. Aufreihstifte schließen
10. Schriftgut wieder umlegen
11. Klemmechanik schließen
12. Ordner zuklappen
13. Ordner in den Schrank stellen
14. Schrank schließen

Die Zeitersparnis durch die Hängemappe ist immens. Übertroffen wird diese Form nur noch von der Ablage im PC. In der Praxis hat sich eine Mischform aus Mappe für aktuelle Vorgänge, Ordner für bearbeitete Vorgänge und Archivbox für die Lager- phase bewährt.

Ein Schriftstück durchlebt drei Phasen

▷ die Arbeitsphase in der Mappe (schnellstmöglicher Zugriff)

▷ die Ruhephase im Ordner (Schriftgut wird nur wenig bewegt)

▷ die Lagerphase in der Archivbox (während der gesetzlichen Aufbewahrungsfrist)

Die Zugriffszeit ist abhängig vom Standort der Ablage. Es gibt die Möglichkeit der Zentralablage – mit dem Nachteil von Wartezeiten und Transportwegen-, die Abteilungsablage und die Arbeitsplatzablage. Bei der Abteilungsablage sind die Akten für jeden Mitarbeiter direkt zugänglich. Das setzt eine große persönliche Disziplin von allen voraus. Denn nach der Bearbeitung muß das Schriftstück sofort in die Ablage zurück. Sinnvoll ist ein gemeinsam erarbeiteter → Aktenplan.

Ablage sofort machen

Ablage sollte zur täglichen Routine werden, damit die aktuellen Informationen schnell zur Stelle sind. Wenn Sie es sich leisten können, Ablage wochen- oder gar monatelang liegen zu lassen, stellt sich die Frage, warum Sie die Information überhaupt aufheben und ablegen.

Es gibt nur zwei Gründe, Schriftgut aufzubewahren. Das sind zum einen die gesetzlichen Bestimmungen. Zum anderen sind es Informationen. Jedes Schriftgut liefert Daten und Informationen, die für die jeweiligen Arbeiten nötig sind.

Der Gesetzgeber schreibt die Aufbewahrung des Schriftgutes im Handelsgesetzbuch und der Abgabenordnung vor. Die maßgeblichen Paragraphen sind: § 257 HGB und § 147 AO.

Ablage per Papierkorb

Was nicht „gesetzlich" aufbewahrt wird und was keinen Informationsgehalt hat, gehört in die Rubrik Sammler- (und Jäger-) Leidenschaft und ist mit dem Vermerk „Liebhaberwert" abzulegen oder gleich in den Papierkorb zu werfen. Es wird in unseren Büros zuviel gesammelt, ohne daß die Informationen in der Zukunft gebraucht werden. Meterweise werden Ordner und Mappen angelegt, die überflüssig sind. Schätzungen gehen davon aus, daß zwei bis maximal 25 Prozent des abgelegten Schriftgutes wieder benötigt werden!

§ 257 HGB

(1) Jeder Kaufmann ist verpflichtet, die folgenden Unterlagen geordnet aufzubewahren:

1. Handelsbücher, Inventare und Eröffnungsbilanzen, Jahresabschlüsse, Lageberichte, Konzernabschlüsse, Konzernlageberichte sowie die zu ihrem Verständnis erforderlichen Arbeitsanweisungen und sonstigen Organisationsunterlagen,
2. die empfangenen Handelsbriefe,
3. Wiedergaben der abgesandten Handelsbriefe,
4. Belege für Buchungen in den von ihm nach § 238 Abs. 1 zu führenden Büchern (Buchungsbelege).

(2) Handelsbriefe sind nur Schriftstücke, die ein Handelsgeschäft betreffen.

(3) Mit Ausnahme der Eröffnungsbilanzen, Jahresabschlüsse und der Konzernabschlüsse können die in Absatz 1 aufgeführten Unterlagen auch als Wiedergabe auf einem Bildträger oder auf anderen Datenträgern aufbewahrt werden, wenn dies den Grundsätzen ordnungsmäßiger Buchführung entspricht und sichergestellt ist, daß die Wiedergabe oder die Daten

1. mit den empfangenen Handelsbriefen und den Buchungsbelegen bildlich und mit den anderen Unterlagen inhaltlich übereinstimmen, wenn sie lesbar gemacht werden,
2. während der Dauer der Aufbewahrungsfrist verfügbar sind und jederzeit innerhalb angemessener Frist lesbar gemacht werden können.

TEST

Überlegen Sie einmal, wie viele Ordner es in Ihrem Büro gibt, die ausschließlich Sie anfassen, um darin abzulegen! Niemand sonst benutzt diese Ordner. Sprechen Sie doch mit Ihren Vorgesetzten darüber, ob dieses Sammeln wirklich notwendig ist.

Ablage ist Chefsache

Mit dieser Behauptung ist nicht das „Tun" gemeint, sondern die Festlegung der Struktur. Was wird unter welchem Stichwort abgelegt?

Situation: Ihr Vertriebsmitarbeiter Fornacon fährt einen Firmenwagen der Marke Wind mit dem Kennzeichen F-XY 1234. Er hat einen Unfall verursacht, der Wagen ist in die Werkstatt Schiller gegeben worden, wo ein Schadensbericht erstellt wurde. Wo wird der Schadensbericht abgeheftet?

Vorschläge: Personalakte Fornacon, Werkstatt Schiller, Autokennzeichen, PKW, Fuhrpark, KFZ, Autos, Tag des Schadens, Buchhaltung, Versicherung, Allgemeiner Schriftverkehr, Diverses oder …?

TIP

Die wichtigste Frage beim Sortieren ist: Unter welchem Begriff werde ich das Papier später suchen?

Gerade an einem neuen Arbeitsplatz ist Sekretärinnen nicht klar, welche Stichworte wichtig sind. Erst nach etwa einem Jahr haben Sie alle anfallenden Schriftstücke einmal in der Hand gehabt. Dann fangen viele an, alles neu zu sortieren. Besser ist es, von vornherein mit dem Vorgesetzten eine Absprache zu treffen und sich nicht mit dem Satz: „Machen Sie mal!“ abspeisen zu lassen. Sie können nicht wissen, welche Priorität Ihr Chef hat. Hier noch ein Beispiel aus „Karriere im Sekretariat“, München 1980, von Annelore Schliz und Hannelore Winter.

Sie sind Vorstandssekretärin in einer AG. Ihre Chefin ist verantwortlich für die Geschäftsführung und Finanzen. Bitte tragen Sie das Stichwort ein, unter dem Sie folgende Schriftstücke von a bis g ablegen würden:

Vorgang	**sachbezogen einzuordnen unter**
a. Schreiben mit neuen Konditionen für einen 5 Millionen Kredit.	Banken, Kredite, Finanzen oder ...
b. Personalabteilung fragt an, wie sie sich bei Bitten um unbezahlten Urlaub verhalten soll.	
c. Schreiben vom Steuerberater, wie sich zukünftig Änderungen im Körperschaftssteuergesetz für Ihre Firma auswirken können.	
d. Anfrage eines Geschäftsfreundes, wie Ihre Firma sich bei der Regelung des Weihnachtsurlaubs für griechische Mitarbeiter verhält.	
e. Gegenüberstellung der Zinsbelastung verschiedener Bankkreditangebote.	

f. Verbandsrundschreiben betreffend Änderung im Körperschaftssteuergesetz.	
g. Schreiben Betriebsrat wegen „Senkung der Unfallzahlen in der Fertigung".	

Die Punkte a und e könnten unter den Stichworten „Finanzen", „Banken" oder „Kredite" liegen. Die Punkte c und f unter „Körperschaftssteuer", der Punkt b unter „Personal", der Punkt g unter „Produktion" oder „Fertigung" oder „Sicherheit" oder „Betriebsrat", der Punkt d wird nicht gesammelt, sondern beispielsweise als Pendelbrief zurückgeschickt oder nach der Beantwortung in den Papierkorb geworfen.

Die Aktenleichen im Keller

Wie lange müssen Sie etwas aufbewahren? Auch dies ist gesetzlich geregelt (HGB § 257):

Handelsbücher, Inventare etc. sind 10 Jahre und Handelsbriefe, Buchungen etc. sind 6 Jahre aufzubewahren. Die Aufbewahrungsfrist beginnt mit dem Schluß des Kalenderjahres. Am 01.01.1995 können beispielsweise vernichtet werden:

a) Bücher, Inventare, Bilanzen, die vor dem 01.01.1985 angefertigt worden sind,

b) Handelsbriefe, Geschäftsbriefe die vor dem 01.01.1989 empfangen oder abgesandt worden sind.

Wertlos oder wertvoll?

Ablegen können Sie auch nach den „Wertigkeiten", die ein Schriftgut hat.

Tageswert, einmalige Information

- ▷ Mitteilungen
- ▷ Rundschreiben
- ▷ Einladungen

lesen und dann in den Papierkorb.

Prüfwert, werden innerhalb einer bestimmten Zeit abgearbeitet

- ▷ Angebote
- ▷ Terminsachen
- ▷ Nachfaßbriefe

Zum Sortieren eignet sich gut eine Wiedervorlage.

Auswechselwert

- ▷ Flugpläne
- ▷ Hotelführer

Mit der neuen Ausgabe wird die alte weggeworfen.

Gesetzeswert

- ▷ Loseblatt-Sammlungen mit Texten von Gesetzen und Verordnungen.
- ▷ Ergänzungen der Loseblatt-Sammlung gleich einordnen, damit Sie immer auf dem aktuellen Stand sind.

Dauerwert, geschichtliche Entwicklung des Unternehmens

- ▷ Gründungsurkunden
- ▷ Gründung von Niederlassungen

Sie werden oft im Archiv aufbewahrt.

Noch mehr Ablage

Neben der sachbezogenen oder „wertigen“ Ablage gibt es noch folgende Systeme:

- ▷ chronologisch (auf- oder absteigend)
- ▷ alphabetisch (nach Namen, geographischen Gesichtspunkten, Sachgebieten)
- ▷ numerisch (rein numerisch oder alpha-numerisch) → Aktenplan
- ▷ geographisch (gegliedert nach Staaten, Ländern, Bezirken etc.)

Ablage per EDV

Bei der elektronischen Ablage werden Sie kein Papier benutzen und keine Kopien mehr machen. Mehrfachablagen sind nicht notwendig. Das heißt, Sie brauchen nie mehr einzelne Dokumente zu vervielfältigen, um sie in verschiedenen Ordnern und Mappen für Kunden, Projekte, Vorgänge usw. oder im Archiv abzulegen.

Sie speichern das Dokument ein einziges Mal und ordnen es mehrfach zu. Ebenso lassen sich die Wiedervorlage und → Delegationen über die EDV steuern.

Ein elektronisches Ablage- bzw. Archivsystem kann Ihnen bei allen im Sekretariat anfallenden Archivierungs- und Rechercheaufgaben wertvolle Hilfe leisten.

Beispiel Nr. 1:

Sie schreiben eine Auftragsbestätigung an den Kunden Ehrte. Das Dokument wird ein einziges Mal ausgedruckt und versandt. Das Schreiben ist im Computer automatisch dem Kunden Ehrte zugeordnet worden. Außerdem ist das Schreiben gleichzeitig der Versandabteilung, dem zuständigen Verkäufer und gegebenenfalls einer Ordnungsnummer gemäß dem von Ihnen benutzten → Aktenplan zugeordnet.

Beispiel Nr. 2:

Sie erhalten mit der Post die Preisliste und neue Produktinformationen des Lieferanten Müller. Der Brief wird zunächst elektronisch eingelesen (scannen). Das Schreiben wird dabei automatisch dem Lieferanten Müller und dem Eingangsdatum zugeordnet. Nun kann das Papier vernichtet werden. Eine möglicherweise notwendige Projektzuordnung kann an dieser Stelle ebenfalls getroffen werden. Das Schreiben wird zur Weiterbearbeitung außerdem der elektronischen Wiedervorlage der Einkaufsabteilung zugeordnet (abgelegt). Auch Ihr Chef erhält zur Information eine elektronische Notiz mit dem Hinweis auf die neuen Preise. Während des Lesens der Aktennotiz kann er die Preisliste per Tastendruck aufrufen. Die Zuordnung nach Schlagworten ist ebenfalls möglich.

Das Dokument ist nur ein einziges Mal vorhanden.

Beispiel Nr. 3:

Sie erhalten eine Zeitschrift. Hier ist es nicht sinnvoll, die gesamte Zeitschrift elektronisch einzulesen. Es werden nur einige Punkte in das System aufgenommen:

▷ die Ortsangabe, in welchem Schrank, in welchem Raum, in welchem Gebäude sich die Originalzeitschrift befindet;

▷ das Datum der Archivierung;

▷ gegebenenfalls ein Dokumentenbetreff (zum Beispiel Artikelüberschriften), mehrere Schlagworte;

▷ das Erscheinungsdatum der Zeitung.

CHECKLISTE: Überprüfung Ihrer Ablage (nach Elba)

1. Ist Ihre Ablage klar und übersichtlich gegliedert, so daß jeder Mitarbeiter weiß, wo ein gesuchter Vorgang zu finden ist?
2. Ist die Beschriftung der Akten gut sichtbar und deutlich zu lesen?
3. Sind Ordner, Hefter und Mappen höchstens normal gefüllt und nicht überfüllt?
4. Bestehen Anweisungen, bestimmte (festgelegte) Unterlagen nicht abzulegen, sondern sie zu vernichten?
5. Werden regelmäßig jährlich überalterte Schriftgut-Jahrgänge ausgesondert, um den Umfang der Ablage möglichst klein zu halten?
6. Ist die Ablage so organisiert, daß jeweils ein Vorgang zusammengefaßt an einer Stelle zu finden ist?
7. Sind alle Vorgänge, die von allgemeinem Interesse sind und die im ganzen Haus gebraucht werden können, zentral abgelegt?
8. Ist die Ablage aktuell und funktionsfähig, und haben die Gruppen „Allgemeines", „Verschiedenes" und „Diverses" nicht mehr als ein Prozent des Bestandes erreicht?
9. Sind gültige, bindende schriftliche Ablageregeln vorhanden, oder besteht sogar ein gültiger Ablegeplan?
10. Sind die Möbel, besonders die Hängezüge in Vertikalhängeschränken, in einwandfreiem Zustand?

✎

Aktennotiz

Eine Akten- oder Gesprächsnotiz ist ein Stichwortprotokoll. Sie dient dazu, in Kürze eine Aussage abzusichern und etwas Wesentliches festzuhalten. Formulieren Sie Ihre Notizen exakt, prägnant und unmißverständlich, so daß jeder damit etwas anfangen kann.

Von: ____________________ Aktennotiz

Datum: ____________________

Thema: interne Mitteilung

Ablage: ______________________________

oder

Weiterleiten an: ______________________

So könnte Ihre Aktennotiz aussehen

Dieses Formular könnte auch als Vorlage für eine Computer- → Ablage-Maske dienen.

TIP:

In der Kürze liegt die Würze. Nie mehr als eine Seite Aktennotiz!

Aktenplan

Wer suchet, der findet

Das → Ablagesystem sollte nicht nur für Sie selbst durchschaubar sein, sondern auch für Kollegen und den Vorgesetzten nachvollziehbar sein. Dazu kann ein Aktenplan erstellt werden.

Im Aktenplan ist verzeichnet, wie Ihre Ablage angelegt ist, also nach welchen Kriterien die Ordner, Mappen oder die Disketten sortiert sind (zum Beispiel nach Namen, nach Nummern, nach Orten usw.). Aus dem Aktenplan sind die großen Kategorien und Untergruppen zu ersehen.

Der klassische Aktenplan ist nach einem Dezimalsystem mit maximal zehn Hauptgruppen, Gruppen, Untergruppen, Sachgebieten gegliedert.

Für einen Betrieb mittlerer Größe könnten sich folgende Gruppen ergeben.

0 = Geschäftsführung
1 = Finanzen und Buchhaltung
2 = Personal- und Sozialwesen
3 = Fertigung
4 = Einkauf
5 = Vertrieb
6 = Anlagen
7 = Verwaltungsorganisation
8 = Forschung und Entwicklung
9 = Wirtschaftsrecht und Patente

Ein Beispiel:

Sie sind Sekretärin in der Einkaufsabteilung. Wenn Sie folgende Prospekte eines Büromöbelherstellers sachlich nach Hauptgruppen, Zwischengruppen usw. ordnen und Sie diesen Plan mit den Zahlen eines numerischen Ordnungssystems beziffern, ergibt sich folgendes Bild:

4.1. Büromöbel
4.1.1. Büroschrank
4.1.1.1. Aktenschrank
4.1.2. Bürostühle
4.1.3. Bürotische
4.1.3.1. Schreibtische
4.1.3.2. Sitzungstische
4.1.3.3. Organisationstische

Größter Nachteil: Wer weiß auf Anhieb, was sich unter 4.1.3.1. verbirgt?!

Arbeitsplatzorganisation

→ Schreibtischorganisation

Nirgendwo verbringen Sie so viel Zeit, wie an Ihrem Arbeitsplatz. Das führt zwangsläufig zu der Forderung, den Arbeitsplatz so zu gestalten, daß ein effizientes und angenehmes Arbeiten ermöglicht wird. Dabei ist die Lage des Arbeitsplatzes ebenso entscheidend wie seine Ausstattung. Auch die positive Atmosphäre und ein niedriger Lärmpegel sind wichtige Voraussetzungen.

Den für alle idealen Arbeitsplatz gibt es leider nicht. Die Umfeldbedingungen müsssen Sie mit Ihrem eigenen Arbeitsstil verbinden.

CHECKLISTE: Gestalten Sie Ihren Arbeitsplatz funktional, indem Sie

- ✔ die richtigen Büromöbel aussuchen (wenn man Sie läßt);
- ✔ nur auf dem Tisch liegen lassen, was Sie täglich brauchen (wie Telefon, Computer, Zeitplanbuch u. a.);
- ✔ als Rechtshänderin Ihren PC-Tisch und das Telefon links von sich stellen;
- ✔ alle Arbeitsmittel, die Sie ständig brauchen (Locher, Stempel, Stifte) sollten Sie immer am gleichen Platz (vorne rechts) haben;
- ✔ möglichst in Fensternähe sitzen, wobei der Lichteinfall von links erfolgen sollte;
- ✔ Ihre Schreibtischlampe etwa 30 cm über der Schreibtischplatte anbringen;
- ✔ den Lärmpegel niedrig halten. Radiokommentare sind Störungen, leichte Musik erhöht bei Routinearbeiten die Leistungsbereitschaft;
- ✔ für eine ausrechende Raumtemperatur (21 +/– 1 Grad C) sorgen und die Luftfeuchtigkeit zwischen 40 Prozent und 60 Prozent halten.

Aufschieberitis

Eine der interessantesten Erkrankungen im Büro ist die Aufschieberitis. Unterschiedlichste Aufgaben werden von Sekretärinnen „verschoben“: die Ablage, die Reisekostenabrechnung, schwierige Gespräche usw. Es gibt immer „gute Gründe“, um ein Problem aufzuschieben. Finden Sie Ausreden für folgende Situationen, und ergänzen Sie die leeren Felder:

Tätigkeiten	**Vorteil**	**Nachteil**
unangenehmes Gespräch	die Sache erledigt sich selbst	Situation verschlechtert sich
Ablage		andere Mitarbeiter finden nichts
Entscheidung mitteilen	keine Diskussion	
unangenehmes Telefonat		

Sollten bei den einzelnen Tätigkeiten die Gründe für das Aufschieben (Vorteile) überwiegen, fragen Sie sich bei jedem Punkt kritisch: „Möchte ich diese Aufgabe wirklich irgendwann einmal erledigen?“ Wenn nein, **dann streichen Sie diesen Punkt**! Die übrigen Tätigkeiten können Sie unterteilen in Aufgaben, die unbekannt sind, und Aufgaben, die unangenehm sind. Bei den unangenehmen hilft nur das Rezept „innerer Schweinehund“, das heißt, Selbstdisziplin zeigen und die Aufgabe sofort angehen. Für unbekannte und schwierige Aufgaben gibt es die „Salamitaktik“. Eine Salami zerschneiden Sie in Scheiben. Schwierige und ungewohnte Aufgaben zerlegen Sie daher in Teilaufgaben und stellen dabei fest, daß Sie Scheibe zwei schon einmal gemacht haben, Scheibe drei ist vergleichbar mit einer anderen Aufgabe, von Scheibe vier wissen Sie, daß eine Kollegin dieses Gebiet beherrscht. Nur die Scheiben eins und fünf kennen Sie wirklich nicht und brauchen darüber Informationen.

TIP:

Das beste Rezept bei Aufschieberitis ist Anfangen, denn Handeln reduziert Angst und Ärger.

Bei Aufschieberitis gilt also,

- zügig alle Informationen herbeischaffen, die die Erledigung sicherer und weniger beängstigend machen,
- die Zeit eher knapp bemessen, damit verhindern Sie Ablenkung und erneutes Aufschieben,
- die Aufgabe in Teilaufgaben zerlegen
- und dann an die Erledigung der Teilaufgabe gehen.

Balkendiagramm

Das Balkendiagramm ist ein relativ einfaches Hilfsmittel zur Zeitplanung. Es verlangt ein Zerlegen der Gesamttätigkeit in Zeitphasen und in Einzeltätigkeiten.

Die Bestandteile des Balkendiagramms sind:

▷ eine Vorgangsliste

▷ eine waagerechte Zeitachse

▷ für jeden Vorgang einen Balken; die Länge des Balkens gibt die Dauer des Vorgangs an; die Lage zur Zeitachse gibt die Lage des Vorgangs im Gesamtablauf an.

Ein Beispiel:

Folgende Urlaubswünsche sollen als Balkendiagramm dargestellt werden. Anschließend soll geprüft werden, ob die Wünsche realisierbar sind und wie groß die gesamte Urlaubsdauer ist.

▷ A wünscht seinen Urlaub in der 25. und 26. Woche: zwei Wochen

▷ B wünscht ihren Urlaub in der 27. bis 30. Woche: vier Wochen

▷ C wünscht seinen Urlaub in der 29. und 30. Woche: zwei Wochen

▷ D wünscht seinen Urlaub in der 31. und 32. Woche: zwei Wochen

▷ E wünscht ihren Urlaub in der 27. bis 29. Woche: drei Wochen

Nr.	Vorgangsbezeichnung	Dauer in Wochen	Unmittelbarer Vorgänger
1	Herr A	2	–
2	Frau B	4	1
3	Herr C	2	1
4	Herr D	2	2 und 3
5	Frau E	3	1

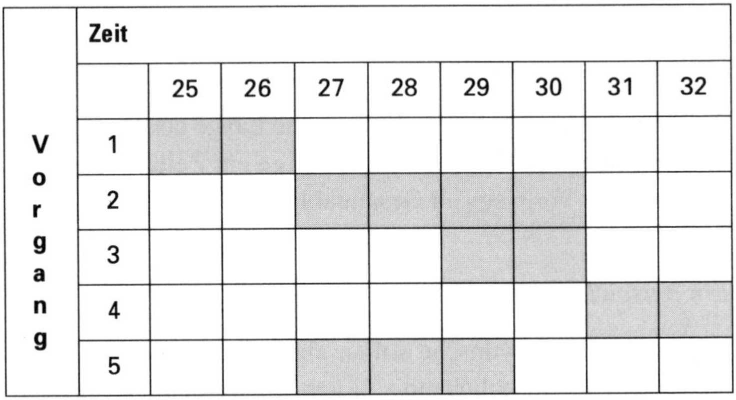

Das Balkendiagramm liefert damit folgende Informationen:

- ▷ die Gesamtdauer des Projektes (hier Urlaubsplanung): acht Wochen
- ▷ die Anfangs- und Endtermine: 25./32. Woche
- ▷ die Balken zeigen, daß in der 29. Woche von fünf Mitarbeitern nur zwei im Büro sind.

Einsatzmöglichkeiten für Balkendiagramme sind beispielsweise Fertigungspläne, Maschinenbelegungen, Einsatz von Mitarbeitern, Materialien und Geräten, Terminübersichten, Personal- und Auftragsplanungen, Urlaubsplanung usw.

Besprechungen

Die Zeiten, in denen Sekretärinnen an jeder Besprechung im Hause teilnehmen mußten, um zu protokollieren und zu stenografieren, sind in den meisten Firmen vorbei.

Besprechungsprotokolle werden von den jeweils Beteiligten geschrieben und vom Sekretariat überarbeitet. Die Teilnahme der Sekretärin an Besprechungen ist nur dann erforderlich, wenn es um Ihr Aufgabengebiet geht, beispielsweise bei der Planung einer Messe, bei Projektsitzungen, in denen die Aufgabenverteilung festgelegt wird.

> **Prüffrage:** Ist die Besprechung überhaupt notwendig?

Sie haben vielleicht auch schon einmal festgestellt, daß Besprechungen länger dauern als nötig, daß die Tagesordnungspunkte nicht eingehalten wurden, keine Entscheidungen getroffen worden sind usw.

Als Teilnehmerin fühlten Sie sich vielleicht unwohl, weil Ihre Schreibtischarbeit liegen blieb und weil der Gesprächsleiter nicht in der Lage war, die Besprechung im Griff zu behalten. Vielschwätzer wurden geduldet, Punkte vom „Stöckchen aufs Hölzchen" diskutiert.

Was kann von Ihrem Arbeitsplatz aus getan werden, um Besprechungen effektiver/effizienter zu gestalten? Da Sie in aller Regel wenig Einfluß auf die Leitung haben, können Sie lediglich im Vorfeld bei der Einladung alles tun, um die Veranstaltung in die richtigen Bahnen zu bringen.

Um eine Einladung richtig schreiben zu können, beantworten Sie sich folgende Fragen:

CHECKLISTE: Fragen für eine Einladung

- ✔ Wer soll eingeladen werden (Teilnehmer)?
- ✔ Wo (Adresse/Raum)?
- ✔ Wann (Datum/Uhrzeit des Beginns)?
- ✔ Bis wann (Uhrzeit des wahrscheinlichen Endes)?
- ✔ Was (Thema/Tagesordnungspunkte)?
- ✔ Wer macht was (Vorbereitung auf die Tagesordnungspunkte)?

✎

Viele Besprechungen sind endlos, weil keine zeitliche Begrenzung angegeben wurde. Die Entscheidungen werden nicht getroffen, weil niemand richtig vorbereitet ist oder weil keine Entscheidungsträger eingeladen worden sind.

Das Muster auf Seite 55 zeigt Ihnen, wie Sie in einer Einladung diese Punkte erfassen können.

Einladungen zu internen Besprechungen sollten mindestens zwei Wochen, mit externen Teilnehmern mindestens vier Wochen vorher abgeschickt werden.

Einladung	Datum:
Name Abteilung	☐ Telefon-Konferenz ☐ Videokonferenz
Telefon	☐ Besprechung im Raum
Veranstalter	Termin am
Diskussionsleiter	Beginn um
Protokollführer	Ende um
Besprechung/Thema/Ziele	
Vorgesehene Tagesordnung	Teilnehmerkreis 1.
	2.
	3.
	4.
	5.
	6.
	7.
	8.
☐ Bitte um Durchsicht und Bereithaltung der übersandten Unterlagen ☐ Bitte um gezielte Vorbereitung zu folgenden Themen:	
☐ Bitte um Bereithaltung weiterer Unterlagen:	
Erstellt von: Ich bin zu erreichen unter Telefon Fax	Mit der Bitte um: ☐ Kenntnisnahme ☐ Telefonische Bestätigung ☐ Bestätigung per Fax

Die wichtigste Frage ist die Zielfrage: Was soll in dieser Besprechung erreicht werden? Ist die optimale Zeit für die Besprechung festgelegt worden? Können Hilfsmittel verwendet werden?

Die folgende Checkliste soll Ihnen bei der Vorbereitung einer Besprechung helfen.

▶ CHECKLISTE: Organisatorische und technische Hilfsmittel

- ✔ Flipchart, Stifte, Papier
- ✔ Pinnwand, Nadeln, Papierbögen
- ✔ Overhead-Projektor, Folien, Stifte
- ✔ Schreibmappen, Stifte, Papier
- ✔ Personal-Computer, Software, Daten
- ✔ Diktiergerät
- ✔ Video, TV
- ✔ Telefon
- ✔ Speisen und Getränke
- ✔ Ergebnisprotokoll, Checkliste bei Besprechung

✎

Besuchsmanagement

Das „Management by Open Doors“ hat den Nachteil, daß Besucher jederzeit durch die offene Tür gehen können und der Chef/die Chefin immer zu sprechen ist. Um ungestört arbeiten zu können, ist es besser, eine positive Abschirmtechnik einzurichten. Das heißt, es gibt nur einen Zugang zu den Vorgesetzten, und das ist Ihr Sekretariat. An Ihrem Schreibtisch kommt keine(r) vorbei. Je nachdem, ob der Besucher angemeldet ist oder nicht, ergeben sich verschiedene Handlungsweisen. Auf den angemeldeten Besucher sind Sie vorbereitet, es liegen Unterlagen bereit, Störungen werden ferngehalten, die Bewirtung ist organisiert. Sie gehen dem Besucher entgegen, holen ihn idealerweise beim Pförtner ab, begrüßen ihn und stellen sich selbst vor. Aus Ihrer Besucherkartei wissen Sie, daß Ihr Gesprächspartner gerne Pfefferminztee trinkt und begeisterter Polospieler ist. Den Tee haben Sie selbstverständlich schon bereitgestellt, und als „Small-talk“-Thema bietet sich ein Gespräch über Pferdesport an.

Was tun Sie nun mit unangemeldeten Gästen?

Fragen Sie nach dem Grund des Besuches, und entscheiden Sie dann:

- Ist Ihr Chef für diese Sache zuständig und hat er Zeit?
- Wenn nicht, delegieren Sie das Gespräch an andere.
- Ansonsten vereinbaren Sie einen Termin.

Biorhythmus

Wie Sie sicher schon häufig an sich selbst erlebt haben, unterliegen wir alle einer sogenannten Leistungskurve. Diese Leistungskurve ist individuell verschieden. Einige von uns sind sogenannte „Lerchen“, das heißt Morgenmenschen, die frühmorgens fit sind, andere sind sogenannte Eulen, die erst gegen Abend ihr „Hoch“ erreichen. Diese Leistungskurve beeinflußt in großem Maße unsere Konzentrationsfähigkeit. Die Ermüdungsphasen sind, wie wir immer wieder feststellen, für verschiedene Arbeiten ungeeignet. Hier zwei Beispiele:

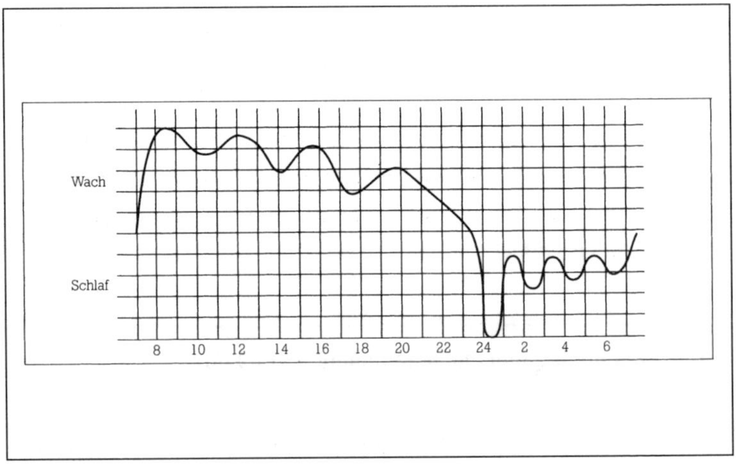

Die physiologische Leistungskurve eines Morgen-Menschen

Die Lerchen haben ihre beste Zeit zwischen 7 Uhr 30 und 9 Uhr 30, die Eulen dagegen sind erst gegen 22 Uhr aktiv. Sie werden vormittags langsam wach, haben ihr erstes Hoch um 10 Uhr 30, besser arbeiten sie jedoch um 16 Uhr. Was liegt

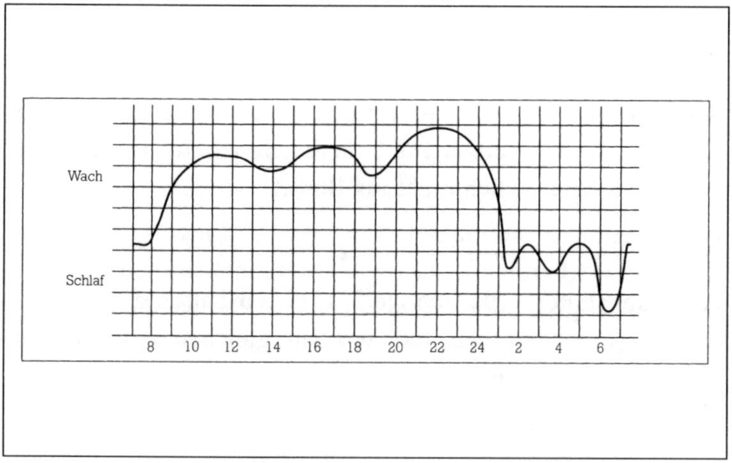

Die physiologische Leistungskurve eines Abend-Menschen

näher, als die persönliche Leistungskurve in die Planung unseres Tagesablaufes mit einzubeziehen. Komplizierte Dinge gehören nicht in die Tiefphasen. Eine Sekretärin „Lerche“ sollte ihre Arbeitszeit daher von 7 Uhr 30 bis 16 Uhr einrichten, um in den Vormittagsstunden die Arbeiten zu erledigen, die eine hohe Konzentration erfordern. Die Sekretärin „Eule“ arbeitet sicherlich effektiver von 9 Uhr bis 17 Uhr 30, da sie am Spätnachmittag konzentrierter ist. Glücklicherweise haben inzwischen mehr und mehr Betriebe Gleitzeitregelungen. Ein Hinderungsgrund für die flexible Arbeitsregelung ist in manchen Fällen der Chef/die Chefin. Einige meinen, daß die Sekretärin dann da sein müsse, wenn auch er/sie da ist. Die Sekretärin wartet dann auf Weisung, Order, Aufforderung. Anstelle der Selbständigkeit wird das „Dienen“ hier in den Vordergrund geschoben. Wie sehr dieser Gedanke noch in den Köpfen von Chefs vorherrscht, zeigt folgendes Telefonat:

Ein Abteilungsleiter telefoniert mit seiner Sekretärin. Es ist Donnerstag nachmittag:

Abteilungsleiter: „... und übrigens: Sie können dann morgen einen Tag Urlaub nehmen. Ich komme nämlich nicht ins Büro."

Sekretärin: „..."

Abteilungsleiter: „Ja, ich weiß, aber wir hatten doch besprochen, daß wir zur gleichen Zeit frei nehmen."

Sekretärin: „..."

Abteilungsleiter: „Gut. Wir hatten uns geeinigt, daß wir das auch im voraus absprechen. Es ist doch im voraus. Es geht doch um morgen."

Sekretärin: „..."

Abteilungsleiter: „Wie, kurzfristig ...? ..."

Sekretärin: „..."

Abteilungsleiter: „Tja. Das wußten Sie doch, als Sie den Job als Sekretärin annahmen ... Also Sie nehmen sich morgen am besten frei! Wir sehen uns dann am Montag."

Business Reengineering

Business Reengineering ist ein Weg, um schnell und effektiv Unternehmensprozesse in Ihrer Gesamtheit zu reorganisieren. Vom Business Reengineering ist neben den Forschungsabteilungen, der Distribution, der Fertigung, dem Vertrieb u. a. auch die Arbeit in den einzelnen Sekretariaten betroffen. Business Reengineering führt in der Regel zu Produktivitätssteigerungen. Schnellste Informationsverteilung und -bearbeitung, die EDV gestützt ist, spielt hierbei einen entscheidende Rolle.

Frau Wirrser braucht neue Rollen für Ihren Bürostuhl. Sie füllt einen Beschaffungsantrag aus. Genehmigt wird diese Investition durch die Abteilungsleiterin Frau Leuschner. Der Antrag wird weitergeleitet an den Einkauf. Dort wird er von einen Sachbearbeiter aufbereitet, um dann vom Einkaufsleiter genehmigt zu werden. Unterzeichnet wird die Bestellung durch den Prokuristen. Die Bestellung ist in die Wege geleitet worden. Frau Wirrser wird von der Einkaufsabteilung informiert ...

Insgesamt ein langwieriger Genehmigungsprozeß. Im Unternehmen werden zu viele Mitarbeiter von diesem Vorgang in Anspruch genommen. Das Abbilden des Antragweges mit Hilfe der → EDV ist für sich noch kein Business Reengineering. Lange Bearbeitungswege werden zwar beispielsweise durch E-Mail verkürzt, und Informationen fließen damit schneller. Die wichtige Frage ist aber, ob nicht der Prozeß der Bestellung geändert werden muß. Warum hat nicht zum Beispiel die Abteilungssekretärin Frau Wirrser ein monatliches Budget zur Verfügung? Warum soll die Entscheidung innerhalb dieses Prozesses nicht in die Verantwortung von Frau Wirrser gelegt werden?

Checklisten

Haben Sie alles im Kopf? Können Sie sich alles merken? Es ist schön, wenn Ihr Kopf ein großer Datenspeicher ist, aber was geschieht, wenn jemand Sie vertreten muß, wenn Arbeitsabläufe lange zurückliegen oder wenn ein Aufgabengebiet wechselt? Wer weiß Bescheid? Schaffen Sie sich Ihre eigenen Arbeitsablaufblätter, Gebrauchsanweisungen, Formulare, Kontrollisten oder neudeutsch Checklisten. Checklisten für die klassischen Sekretariatsarbeiten wie Reisevorbereitungen, Konferenzen, Besprechungen, Seminare, Textverarbeitung oder für Sonderfälle, wie zum Beispiel Sicherheitsmaßnahmen, sollte sich jede Sekretärin anlegen.

Der Gesamtablauf wird in Teilaufgaben zerlegt, die einzelnen Arbeitsschritte gegliedert, die Aktivität festgelegt. Dann machen Sie verschiedene Probeläufe und ergänzen die Liste so lange, bis sie „narrensicher" ist. Sie können so jede Checkliste selbst erstellen und damit auf Ihre Bedürfnisse hin maßschneidern.

Beispiele für Checklisten sind in diesem Buch unter → Ablage, → Arbeitsplatzorganisation, → Aufschieberitis, → Besprechungen, → Delegation, → EDV, → Entscheidung, → Korrespondenz, → Planung, → Protokolle, → Reisen, → Schreibtischorganisation, → Störungen, → Termine zu finden.

CHECKLISTE: Folgende Fragestellungen sind für die Erstellung einer Checkliste erforderlich:

- ✔ Welche Arbeit wiederholt sich?
- ✔ Welche Arbeiten ähneln sich?
- ✔ Was muß bei Arbeit x getan und beachtet werden?
- ✔ Wer muß gefragt werden?
- ✔ Wer muß informiert werden?
- ✔ Welche zeitlichen Bedingungen existieren?

✎

Delegation

Stellen Sie sich vor, Ihre Chefin fragt, ob Sie an einer Sonderaufgabe interessiert seien, für die ausschließlich Sie die notwendige Qualifikation hätten. Bei dieser Sonderaufgabe würden Sie direkt an die Geschäftsführung berichten und an wichtigen strategischen Entscheidungen des Unternehmens teilhaben. Der Job würde auch interessante Reisen mit sich bringen. Die Aufgabe würde es Ihnen erlauben, einen wertvollen Beitrag für das Unternehmen zu leisten, und Ihnen gleichzeitig größere Entwicklungsmöglichkeiten verschaffen. Das Angebot habe nur einen Haken: Da diese Aufgabe ungefähr einen halben Tag in der Woche beanspruchen würde, müßten Sie Ihren derzeitigen Job während der verbleibenden 4,5 Tage erledigen. Würden Sie die Aufgabe übernehmen?

Zugegeben, die Frage ist hypothetisch. Dennoch würden viele Sekretärinnen liebend gerne diese Sonderaufgabe annehmen. Dadurch würden Sie aber in Wirklichkeit eingestehen, daß sie bei ausreichender Motivation einen halben Tag in der Woche auf die neuen Aktivitäten verwenden könnten – ohne negative Auswirkungen auf ihr Tagesgeschäft.

Delegation, das heißt die Übertragung von Aufgaben oder Tätigkeiten, hat daher viel mit Motivation zu tun. Delegation gibt Mitarbeitern Chancen, sich zu entwickeln. Beim Delegieren müssen drei Komponenten berücksichtigt werden: Arbeit, Verantwortung und Kompetenz.

Die eindeutige Abgrenzung von Aufgaben und Verantwortung ist ebenso wichtig wie die „öffentliche“ Kompetenzvergabe.

Wenn die Kompetenz nur „intern" vergeben wird, hat die Sekretärin immer Schwierigkeiten, den Auftrag auszuführen.

Frau Wirrser erhält von Ihrer Chefin den Auftrag, ein Firmenfest zu organisieren. Dazu ist unter anderem auch eine kostenmäßige Beteiligung der Mitarbeiter vorgesehen. Von jeder Person, die an der Feier teilnehmen möchte, soll Frau Wirrser 15,– DM kassieren. Frau Wirrser ist von dieser zeitlich begrenzten Sonderaufgabe sehr begeistert. Sie stellt sofort eine Liste aller Mitarbeiter zusammen und macht am nächsten Tag eine Runde durch den Betrieb. Die Kollegen und Kolleginnen gucken etwas merkwürdig, wenn sie um die 15,– DM bittet, und sie stellen viele Fragen: Wofür ist das Geld? Wieso ist es so viel? Was wird damit gemacht? ... Frau Wirrser muß viele Fragen beantworten. Einige Kollegen schauen Frau Wirrser auch von oben bis unten an und fragen, wieso **sie** *das Geld einsammelt. Obwohl sie mit viel Elan an die Arbeit geht, sind die Ergebnisse eher dürftig. Wieso gestaltet sich diese Aufgabe so schwer?*

Der „Fehler" liegt hier in erster Linie bei ihrer Chefin. Sie hat nur eine „interne Kompetenz" vergeben. Sie hätte mündlich oder schriftlich die Mitarbeiter der Firma auf die neue Aufgabe von Frau Wirrser aufmerksam machen müssen.

„Unser diesjähriges Betriebsfest findet am 13. Oktober statt. Es wird neben Speis und Trank auch den Auftritt eines Magiers und eine Tombola geben. Als Beitrag für das Fest brauchen wir von jedem 15,– DM. Frau Wirrser wird das Fest organisieren und daher auch das Geld einsammeln."

Wenn die Kompetenz öffentlich bekanntgegeben wird, fällt es Frau Wirrser leichter, die Aufgabe erfolgreich zu lösen. Achten

Sie bei der Übernahme von Aufgaben daher unbedingt auf die öffentliche Vergabe von Kompetenzen.

Wenn Sie selbst in der glücklichen Lage sind, einen oder mehrere Mitarbeiter zu haben, dann geben Sie Aufgaben ab. Delegieren können Sie Routine-, Detail- und Spezialistenaufgaben. Die Übertragung einer Aufgabe oder Tätigkeit kann entweder auf Dauer erfolgen oder auf einmalige Fälle beschränkt sein. Wenn Sie delegieren, führen Sie eine Delegationsliste, die Sie selbstverständlich auch über Ihre → Wiedervorlage und in der → EDV führen können.

Delegationsliste			
Aufgaben/Ziele/ Informationen	**Wer?**	**Bis wann?**	**Erledigt**
			✔

EDV

Personalcomputer, PC, Mikrocomputer, Arbeitsplatzrechner oder Workstation. Was immer Sie an EDV oder Bürokommunikation an Ihrem Arbeitsplatz haben, die Technik ist aus Ihrem Büroalltag nicht mehr wegzudenken.

So manche Sekretärin hat sich „nebenbei" zu einer höchst kompetenten Computerfachfrau entwickelt. Sie arbeitet mit einer komfortablen Textverarbeitung. Ihre Adressen verwaltet sie in einer Datenbank. Wenn sie häufig mit Zahlenkolonnen zu tun hat, benutzt sie eine Tabellenkalkulation. Sie hat ein Präsentationsgrafikprogramm, wenn sie Präsentationsunterlagen erstellt. Einige haben auch ein elektronisches → Zeitplanbuch, mit dem sie eigene und fremde Termine verwalten. Im übrigen ist sie „vernetzt", um den Austausch von Informationen mit Kollegen schneller gestalten zu können.

Frau Wirrser will einen Brief an den Kunden Sander schreiben. In der Datenbank sucht sie die Kundenadresse und den richtigen Ansprechpartner. Diese Angaben werden sodann in die Textverarbeitung übernommen, wo sie sich automatisch im Briefkopf wiederfinden.

Nachdem der Brief geschrieben ist, leitet sie ihn über das Netzwerk an ihre Chefin zum Prüfen weiter. Diese gibt elektronisch ihr O. k. Frau Wirrser druckt den Brief nun aus, unterschreibt und versendet ihn. Der Brief ist zusätzlich automatisch der elektronischen Kundenakte zugeordnet, wo er jederzeit bei Anfragen eingesehen werden kann.

Eine solche Vorgangsbearbeitung benötigt Systeme, die in dem Kapitel „Schöne neue Welt“ unter Groupware (Zusammenarbeiten in Arbeitsgruppen mit Hilfe von Netzwerken) und Workflow (elektronische Vorgangsbearbeitung) beschrieben sind.

Die EDV sollte Ihnen mehr Zeit für das Wesentliche zur Verfügung stellen. Sie sollte Ihnen viele ungeliebte Arbeiten abnehmen, und sie sollte die zu bearbeitende Papierflut, die vielen Informationen organisieren und verteilen. Darüber hinaus müssen EDV-Programme leicht erlernbar, anwenderfreundlich und schnell sein. Eine gute Bürokommunikation im Sekretariat verbindet („integriert“) nicht nur die verschiedenen Programme wie Kundendatenbank, Textverarbeitung, Bestellwesen, internen Schriftverkehr und Terminplanung sinnvoll miteinander. Vielmehr sollten über hausinterne Netzwerke die in den Einzelprogrammen enthaltenen Informationen schnell verteilt, zugeordnet und von anderen Mitarbeitern ohne zeitaufwendige mündliche Rückfragen bei Bedarf wiedergefunden werden können.

Wenn Sie trotzdem immer noch „EDV zu Fuß“ betreiben, liegt das vielleicht daran, daß vielfach die Möglichkeiten einer EDV-Anlage nicht sinnvoll genutzt werden. So wird im Sekretariat mit den mächtigen Funktionen einer → Textverarbeitung oft gar nicht gearbeitet. Gründe hierfür können sein:

- ▷ Der PC wird als bessere Schreibmaschine benutzt.
- ▷ Die Möglichkeiten sind mangels gründlicher Einarbeitung gar nicht erst bekannt.
- ▷ Die einzelnen Programme sind so „benutzerfeindlich“ konzipiert, daß ein sinnvolles Arbeiten mit ihnen oft nicht möglich ist.

Im Sekretariat helfen Ihnen nur Programme, die Ihren Anforderungen entsprechen, und die Sie selber mit aussuchen durften. Denn **Sie** wollen effektiver arbeiten, nicht die Maschine.

Wenn Sie in Ihrem Büroalltag Mängel sehen, hilft Ihnen die Checkliste „Vorgangsbeschreibung“ auf Seite 70 f. Hier untersuchen Sie Arbeitsabläufe, um dann den Ist-Zustand verändern zu können.

Frau Wirrser stellt fest, daß sie keine Klarsichtfolien mehr hat. Die Büromaterialausgabe ist von 13 Uhr bis 14 Uhr geöffnet. Frau Wirrser füllt ein Bestellformular aus. Das Büromateriallager ist zehn Minuten von ihrem Arbeitsplatz entfernt. Sie steht 15 Minuten in der Schlange, um dann zu hören, daß keine Klarsichtfolien geliefert worden sind.

Eine mögliche Lösung könnte sein, daß Frau Wirrser ihr Bestellformular im Computer ausfüllt und dieses über das Netzwerk an das Büromateriallager versendet. Von dort könnte dann die Rückmeldung: „Liegt zur Abholung bereit“ kommen. Eine andere Möglichkeit wäre die, daß das Material vom Lager in die Sekretariate gebracht wird.

Also ist nicht immer als Konsequenz ein Neueinsatz von EDV oder die komplette Umstellung der bereits vorhandenen nötig. Manchmal geht es auch um Kompetenzen, bürokratische Entscheidungsstrukturen oder andere Faktoren, wie sie unter dem Punkt → Business Reengineering beschrieben sind.

Vorgangsbeschreibung	
Bezeichnung der Tätigkeit/des Einzelvorgangs	Nr.
Beschreibung des Einzelvorgangs	
Bezeichnung des Gesamtvorgangs	Nr.
Beschreibung des Gesamtvorgangs	
Von wem kommt der Vorgang/die Information?	
Wieviel Zeit wird bei uns für die Bearbeitung verwendet?	
Zu wem gelangt der Vorgang/die Information?	
Wir stellen fest	Bemerkungen hirzu
☐ Eintreffende Informationen sind fehlerhaft/unvollständig	
☐ Informationen werden fehlerhaft/unvollständig weitergeleitet	
☐ Wir erhalten Informationen nicht rechtzeitig	
☐ Wir geben Informationen nicht rechtzeitig weiter	
☐ Wir erhalten Informationen überhaupt nicht	
☐ Informationen erreichen Empfänger nicht	

☐ Wir erhalten zuviel Informationen		
☐ Wir erhalten zu wenig Informationen		
☐ Wir geben zuviel Informationen weiter		
☐ Wir geben zu wenig Informationen weiter		
☐ Die Tätigkeit ist im Gesamtablauf ungenügend integriert		
☐ Keine DV-Unterstützung vorhanden		
☐ Ungenügende DV-Unterstützung vorhanden		
☐ Vorhandene DV ist in Arbeitsabläufe schlecht integriert		
☐ Betroffene Mitarbeiter haben Schwierigkeiten mit DV		
☐ Es werden zu viele Programme eingesetzt		
☐ Benutzte Programme sind nicht miteinander verbunden		
☐ Daten werden von mehreren Stellen erfaßt		
☐ Daten werden mehrfach gespeichert		
☐ Informationsrecherche dauert zu lange		
☐ Informationsrecherche nicht benutzerfreundlich		
Detaillierte Problembeschreibung		
Bemerkung	Erstellt am:	von:
	Telefon	Telefax

EDV-Arbeitsplatz

Inzwischen sind 60 Millionen Personal Computer in Büros installiert, die als Arbeitsmittel nicht mehr wegzudenken sind. Der EDV-Arbeitsplatz spielt damit eine wichtige, aus dem Sekretariat nicht mehr wegzudenkende Rolle.

Die folgende Abbildung soll Ihnen helfen, eine optimale Anordnung für Ihren EDV-Arbeitsplatz zu finden:

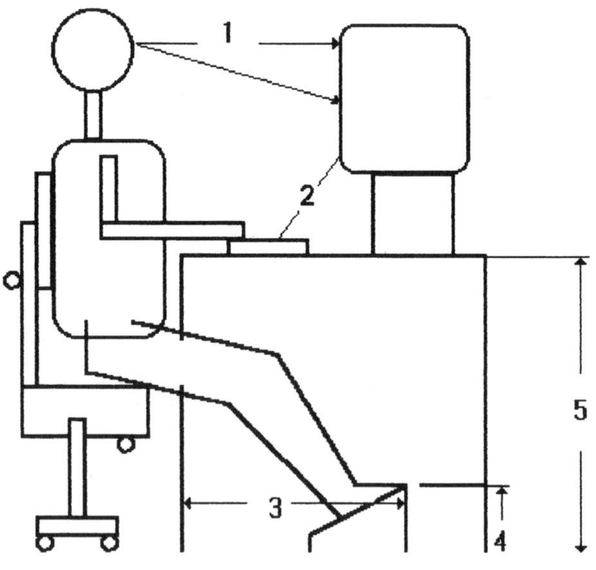

1 Abstand zwischen Augen und Bildschirm ca. 50 cm
2 Entfernung zwischen Monitor und Tastatur ca. 30 cm
3 Entfernung von Sitzposition bis zur Fußstütze ca. 60 cm
4 Höhe der Fußstütze mindestens 12 cm
5 Höhe des Arbeitstisches 72 cm

Der EDV-Arbeitsplatz und die richtigen Abstände

Die Anordnung der EDV-Anlage in Ihrem Arbeitsflächen- System wird von der Häufigkeit des Zugriffs auf die PC-Anlage bestimmt:

Wenn Sie 75 Prozent und mehr Ihrer Arbeit mit dem PC leisten, sollte dieser vor Ihnen stehen, um eine unnatürlich abgewinkelte Haltung zu vermeiden.

Wenn Sie mehr als 25 Prozent Ihrer Arbeit mit dem PC verrichten, hat es sich als zweckmäßig herausgestellt, den Bildschirm seitlich etwas versetzt und die Tastatur direkt vor sich aufzustellen.

Wenn Sie sehr selten auf den Rechner zugreifen, sollte er auf einem eigenen, seitlich angeordneten Schreibtisch plaziert werden, um den Schreibtisch frei zu haben für die wesentlichen Arbeiten.

In allen Fällen haben sich Schwenkarme bewährt, mit denen sowohl Höhe als auch Position des Monitors nach den jeweiligen Bedürfnissen eingestellt werden können. Eine meist integrierte Tastaturablage hilft dabei, den Schreibtisch von der sperrigen Tastatur vorübergehend zu befreien.

Grundregeln beim Sitzen am EDV-Arbeitsplatz

- Auf der gesamten Sitzfläche sitzen und an der Rückenlehne anlehnen.
- Stuhl nicht zu hoch einstellen, ggf. eine Fußstütze benutzen.
- Während Sie schreiben, sollen sich die Unterarme im rechten Winkel zum Oberarm befinden.
- Rechtwinkelige Anordnung des Bildschirms zum Fenster, so daß der Lichteinfall von der Seite gewährleistet ist.
- Spiegel- und Blendeffekte zum Beispiel durch Neonlampen an der Decke vermeiden.
- Drucker möglichst in Blickweite plazieren, um Papierstau oder andere Störungen feststellen zu können.
- Selbstverständlich spielen auch Qualität und Ausstattung von Bildschirm und benutzter Grafikkarte im Hinblick auf die Augen eine wichtige Rolle.
- Achten Sie auf eine sinnvolle, Ihren Arbeitsabläufen entsprechende Anordnung der Büromöbel und der Peripheriegeräte wie Fax, Kopierer, Drucker usw.

Eisenhower-Prinzip

Dem amerikanischen Präsidenten Dwight Eisenhower wird das folgende Prioritätenprinzip zugesprochen. Die Prioritätensetzung erfolgt nach den Kriterien

- ▷ Dringlichkeit der Aufgabe,
- ▷ Wichtigkeit der Aufgabe.

Dabei gibt es grundsätzlich vier Möglichkeiten, die anhand eines Koordinatensystems festgelegt werden. Die eine Achse des Koordinatensystems heißt **„wichtig“**, die andere Achse heißt **„dringend“**.

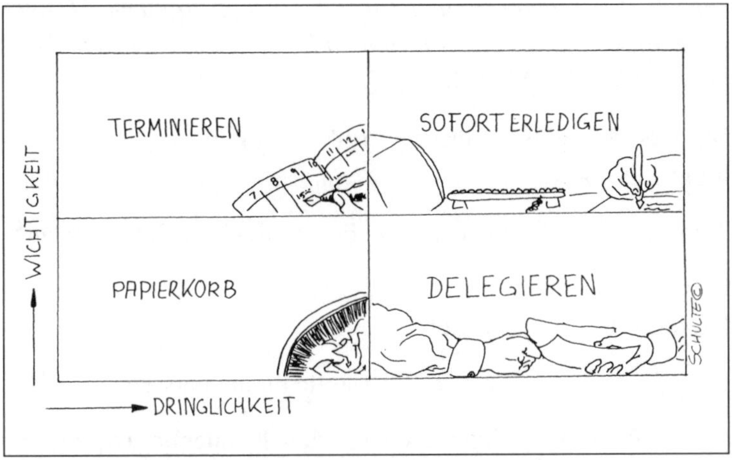

Wirksame Entscheidungshilfe: Das Eisenhower-Prinzip

- ▷ Wenn Aufgaben für mich sehr wichtig, aber noch nicht dringend sind, lege ich sie auf Termin.

▷ Wenn Aufgaben im Moment sehr dringend, aber für mich nicht wichtig sind, kann ich sie delegieren.

▷ Wenn Aufgaben sowohl dringend als auch wichtig sind, mache ich sie selbst und sofort.

▷ Wenn Aufgaben weder wichtig noch dringend sind, gehören sie in den Papierkorb.

Anwendung in der Praxis

Frau Wirrser sitzt im Büro, es ist Montag morgen, 10 Uhr 40. Sie hat soeben die Post bearbeitet und verteilt. Frau Wirrser liest gerade einen interessanten Artikel. Um 11 Uhr erwartet Ihre Chefin, Frau Leuschner, den Personalentwickler zum Gespräch. Das Telefon klingelt. Ihre Chefin muß für einen erkrankten Kollegen sofort einen Termin in London wahrnehmen. Dazu benötigt Sie dringend Unterlagen.

Mit dem Eisenhower-Prinzip ergibt sich nun folgende Aufteilung:

Terminieren:	Besuch des Personalentwicklers verschieben
Papierkorb:	Artikel
Delegieren:	Flug in Reisestelle buchen lassen
Selber machen:	Unterlagen für den Kundenbesuch zusammenstellen

Entscheidung

Eine Entscheidung ist ein Akt der Willensbildung, also der Entschluß eines Menschen, etwas so und nicht anders auszuführen.

Einer der größten Zeitdiebe bei der Entscheidungsfindung ist die Unentschlossenheit. Wenn es um eine Entscheidung geht, zögern viele Menschen oder schieben sie vor sich her. Durch Unschlüssigkeit und durch → Aufschieberitis verschwenden sie nicht nur Zeit, sondern es kommen auch noch Sorgen hinzu. Falsche Entscheidungen können nämlich berichtigt werden, aber was passiert mit einer gar nicht erst getroffenen Entscheidung?

Wenn Sie im Sekretariat einen Vorgang in die Hand genommen haben, legen Sie ihn nicht in den unerledigten Stapel zurück, sondern treffen Sie eine Entscheidung: Was soll mit dem Vorgang geschehen? Terminieren, weiterleiten, bearbeiten, wegschmeißen oder ablegen?

In Ihrer Funktion als Sekretärin geben Sie Ihren Vorgesetzten und Mitarbeitern oftmals Entscheidungshilfen an die Hand.

Frau Wirrser soll in Erfahrung bringen, welcher Händler den günstigsten Preis und die besten Lieferbedingungen hat. Sie holt die entsprechenden Angebote ein und stellt einen Angebotsvergleich an. Für solche Fälle hat sie eine → Checkliste (Seite 78 f.) entwickelt.

Entscheidungsmuster sind nicht immer logisch. Da gibt es die Bauch-, Lust-, Laune-, Spaßentscheidung und die Entscheidung nach Sympathie. Einige sagen: „Wer/was zuerst kommt, mahlt

Angebotsvergleich			
	Anbieter 1	Anbieter 2	Anbieter 3
Angebot erhalten am			
Anbieter/Firma			
PLZ/Ort			
Straße			
Ansprechpartner			
Telefon			
Telefax			
Warenbezeichnung			
(Produktbeschreibungen)			

Liefertermin			
Lieferbedingungen/Kosten			
Preis, netto			
Preis inkl. 15 % MwSt.			
Rabatt			
Zahlungsbedingungen (Skonto)			
Endpreis			
Wartung/Service			
Reaktionszeit:			
Kosten mit Vetrag			
Kosten ohne Vetrag			
Bemerkungen			
Entscheidung für Anbieter Nr.:		Bestell-Nr.:	Bestellt am: von:

zuerst." Oder: „First in, first out". Die meisten unserer Entscheidungen werden nicht mit dem Kopf, sondern gefühlsmäßig und intuitiv getroffen.

Wenn Sie logische Kopfentscheidungen bevorzugen, helfen Ihnen die Stichworte → ABC-Analyse, → Eisenhower-Prinzip, → Pareto-Prinzip, → Prioritäten, → Ziele.

Eine ganz einfache Entscheidungsmatrix hat schon Benjamin Franklin benutzt. Wenn er eine schwierige Entscheidung zu treffen hatte, teilte er ein Blatt Papier durch einen Strich in zwei Spalten. Auf die eine Seite schrieb er alle Vorteile, auf die andere Seite alle Nachteile. Er überdachte das Ganze einige Tage und wußte dann, wie er sich entscheiden sollte. Was für Benjamin Franklin ein gute Entscheidungshilfe war, ist auch für Ihr Büro eine immer noch effektive Methode.

Vorteile	**Nachteile**

Gesprächsführung

Als Sekretärin sprechen Sie täglich mit sehr unterschiedlichen Menschen: mit Kunden, Lieferanten, internen und externen Besuchern, Kollegen, Ihren Chefs. Jeder will entweder etwas von Ihnen beziehungsweise von Ihrem Chef oder Ihrer Chefin. Gespräche beanspruchen viel wertvolle Zeit.

Überprüfen Sie daher, ob sich beispielsweise ein Besuch lohnt. Wäre es nicht preiswerter und schneller zu telefonieren? Eine andere Frage, die es vor Gesprächen zu klären gilt, ist: Wie gut sind Sie auf ein Gespräch vorbereitet? Hier eine Checkliste:

CHECKLISTE: Vorbereitung eines Gesprächs

- ✔ Was will ich in diesem Gespräch erreichen? Wie sieht meine Zielsetzung aus?
- ✔ Wen will ich sprechen?
  - persönlich,
  - zuständigkeitshalber,
  - kann ein Kollege aushelfen,
  - oder ist es vertraulich?
- ✔ Welche Unterlagen benötige ich?
- ✔ Welchen Nutzen hat der andere von diesem Gespräch?
- ✔ Welche Argumente habe ich?
- ✔ Welche Gegenargumente/Fragen/Einwände hat der andere?
- ✔ Welche Kompromisse oder Zugeständnisse kann ich machen?

Es geht hier nicht um eine seelenlose „Technik“ oder um aufgesetzte Vokabeln, sondern um eine effiziente Gesprächsführung. Formulieren Sie konkret, und drücken Sie klar aus, was Sie von einem Gesprächspartner wollen. Die meisten Menschen reden gern. Lassen Sie Ihre Gesprächspartner ruhig zu Wort kommen, wenn es wichtige Gespräche sind. Wenn Sie Menschen um sich haben, die den „Schnabel“ nicht aufkriegen, versuchen Sie, die richtigen Fragen zu stellen. Die richtigen Fragen sind die sogenannten W-Fragen (Wie? Warum? Weshalb? Wo? etc.). Wie haben Sie hergefunden? Wo sind Sie untergebracht? Was kann ich für Sie tun? Durch diese Frageform erfahren Sie am meisten über die Wünsche und Bedürfnisse Ihres Gesprächspartners.

Wenn der andere redet, heißt es für Sie, gut zuzuhören. Aktives Zuhören ist eine Kunst, die nicht von jedem beherrscht wird. Normalerweise hören wir nur das, was wir hören wollen. Wir lassen uns leicht ablenken und hängen unseren eigenen Gedanken nach. Aber Zuhören ist mehr als das Hören von Worten. Hier einige Tips:

TIPS:

- Zeigen Sie dem Gesprächspartner, daß er frei sprechen kann. Schaffen Sie eine entspannende Umgebung.
- Zeigen Sie, daß Sie zuhören wollen. Lesen Sie beispielsweise während des Gesprächs keine Notizen, aber machen Sie sich ruhig welche, damit Sie sich nicht allein auf Ihr Gedächtnis verlassen müssen.
- Halten Sie Ablenkungen fern. Das Telefon wird umgestellt, die Tür geschlossen, sofern Sie nicht allein sind.

- ▷ Versuchen Sie, sich in die Situation des Gesprächspartners zu versetzen, damit Sie seinen Standpunkt verstehen.
- ▷ Haben Sie Zeit und Geduld! Unterbrechen Sie nicht! Lassen Sie sich durch Vorwürfe und Kritik nicht aus dem Gleichgewicht bringen!

Fragen und wiederholen Sie, um sicherzugehen, daß Sie alles verstanden haben.

Natürlich sollen bei einem Gespräch auch Sie zu Wort kommen. Damit der andere Sie gut versteht und Ihren Argumenten folgen kann, sprechen Sie eine natürliche Sprache. Keine „hochgedrechselten“ Formulierungen, keinen Fachjargon bei Laien, keine Bandwurmsätze und keine **Killerphrasen**. Ein Gespräch wird mit bestimmten Phrasen „getötet“, zum Beispiel: „Da wird der Vorstand nie zustimmen!“ „Das haben wir noch nie so gemacht!“ „Das geht nicht!“ „Das ist Unsinn!“ ... Diese Gesprächsabschneider haben Sie schon gehört. Das sind keine Argumente, sondern Killer. Ein Argument besteht aus Behauptung und Begründung. Leider hören wir diese Form in Gesprächen immer weniger. Es wird zwar fleißig behauptet, aber wenig erklärt und begründet. Zu den Killern und Scheinargumenten gehört oftmals auch ein bestimmtes kämpferisches Vokabular. Wir sitzen einem „Feind“ oder „Gegner“ gegenüber, wir bieten „Paroli“, wir „attackieren“, usw. Aber ein Gespräch ist kein Krieg oder Kampf.

Ein gutes Gespräch hat nur Sieger

Wenn sich die Gesprächspartner einig sind, können Sie beobachten, wie sich ihr Körperverhalten angleicht. Sie spiegeln die Körperhaltung des anderen, das heißt, sie sitzen genauso wie der andere, haben die gleiche Handhaltung usw. Bei Gesprächen im Stehen sind die Gesprächspartner einander zugewandt, haben Blickkontakt miteinander und „kommen sich näher". Respektieren Sie Distanzen! Manche Menschen wünschen sich auch am Schreibtisch oder Besprechungstisch mehr Abstand. Sie sitzen Ihnen dann gegenüber, während andere lieber mit Ihnen über Eck sitzen, um zum Beispiel besser in Unterlagen schauen zu können. Sitzen Sie nicht mit dem Rücken zum Fenster, weil Ihr Gesprächspartner Ihr Gesicht sonst im Dunkeln sieht. Achten Sie auf eine gleiche Gesprächsebene, das heißt, versuchen Sie, die gleiche Augenhöhe zu halten wie Ihr Partner. All diese Äußerlichkeiten beeinflussen das Gespräch.

Was tun bei Vielschwätzern?

Machen Sie den Vielrednern höflich, aber bestimmt klar, daß Sie im Moment nicht zuhören können, da auch andere Arbeit auf Sie wartet. Unter Kollegen reicht oft ein offenes Wort: „Tut mir leid, jetzt nicht. Ich melde mich später!" Auch anderen können Sie offen und ehrlich begegnen: „Entschuldigen Sie bitte, aber der nächste Termin wartet schon ..."

Informationsmanagement

Das Sekretariat ist der „Informationsknoten“ des Betriebes. Informationen, mündliche und schriftliche, offizielle und inoffizielle, formelle und informelle, sind das, was Sie erhalten, wenn Ihnen durch eine oder mehrere Personen oder durch eine Maschine etwas mitgeteilt wird.

Informationen werden produziert, vervielfältigt, verteilt, abgelegt, archiviert, beschafft, gefunden, veredelt, angereichert, entsorgt und gelöscht.

Richtig ist, daß Informationen jederzeit und überall benötigt werden. Ohne Daten und Fakten geht es nicht. Aber wichtiger als Informationen zu sammeln, ist das Auswählen und Verteilen. Information ist nicht gleich Information. Die eine ist zutreffend, die andere falsch, die eine wertvoll, die andere nutzlos. Ihre Aufgabe als Sekretärin besteht nun darin, Informationen einzuordnen und zu bewerten. Täglich stehen Sie vor folgenden Fragen:

CHECKLISTE: Informationen einordnen und bewerten

- ✔ Muß diese Information weitergegeben werden?
- ✔ Für wen ist die Information nötig?
- ✔ Wann wird die Information gebraucht?
- ✔ Wie wichtig ist die Information?
- ✔ Wie muß die Information für den Empfänger aufbereitet werden?

Grundsätzlich sollten Informationen vom Sekretariat so frühzeitig wie möglich, so umfassend wie nötig, so knapp und genau wie erforderlich weitergegeben werden:

Am Dienstag findet Frau Wirrser in der Post Unterlagen, die für eine Mitarbeiterbesprechung am Mittwoch wichtig sind. Da ihre Chefin zur Zeit in London ist, hat Frau Wirrser die Vollmacht, die Unterlagen zu verteilen, damit sich alle auf die Besprechung vorbereiten können.

Die Faxnummer eines Kunden hat sich geändert. Frau Wirrser aktualisiert ihre Kundenkartei und informiert andere Abteilungen, die auch mit dem Kunden zu tun haben.

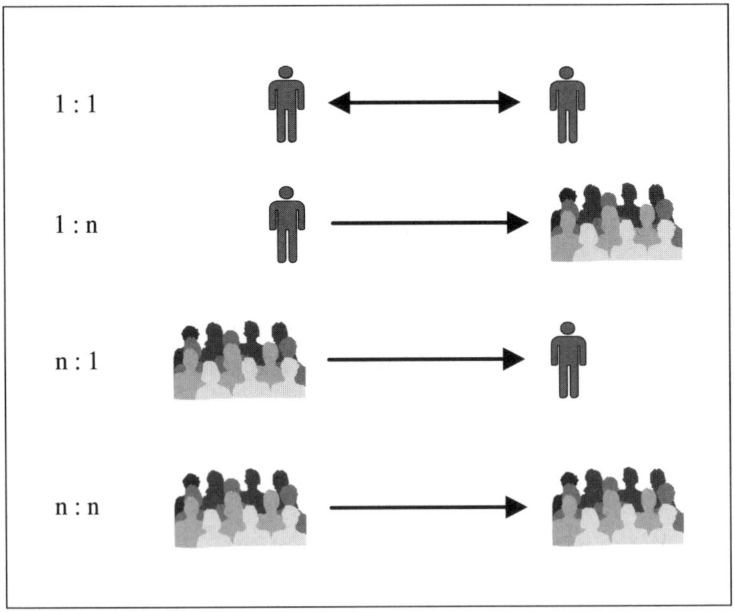

Die Verteilung von Informationen

Information kostet Geld. Das gilt nicht nur für die interne und externe Beschaffung, sondern auch für die Verwaltung und Verteilung. Die betriebliche Praxis zeigt, daß viele den „Informationskanal schon voll haben“, weil unzählige Aktennotizen, Rundschreiben, Zeitschriften im Umlauf sind und durch die Firma treiben. Sie ertrinken in einer Informationsflut, denn sie haben nicht zuwenig Informationen, sondern zuviele!

Die Mitarbeiter werden mit nutzlosen Papierbergen überhäuft. Eine Zeitschrift, die jede Woche erscheint und in den Umlauf geht, kann eine Durchlaufzeit von sechs Monaten haben. Damit ist der Informationswert sehr gering.

Ein Test: Nehmen Sie doch einmal eine Zeitschrift aus dem Umlauf. Sie werden merken, nur für diejenigen, die sich beschweren, waren die Informationen aus dieser Zeitschrift wirklich interessant.

Informationsmanagement per EDV

Die → EDV soll es ermöglichen, Informationen für einzelne Mitarbeiter in schnellem Zugriff bereitzuhalten. Dazu bedarf es eindeutiger Definitionen, wer, wann, welche Information in welchem Zustand regelmäßig oder bei Bedarf benötigt. Unter Umständen können dem Mitarbeiter diese Informationen dann sogar automatisiert zugeleitet werden. Auch gilt es zu klären, welche Mitarbeiter gruppenbezogen, zum Beispiel in abteilungsübergreifenden Projektteams, Zugriff auf welche Informationen haben dürfen. Vielleicht ist es sogar notwendig, den Zugriff auf bestimmte Informationen, beispielsweise aus dem Finanzcontrolling, ausschließlich Mitarbeitern der Geschäftsleitung zu ermöglichen. Für andere Mitarbeiter ist der Zugriff gesperrt.

Informationsmanagementsysteme können Informationen sowohl an Mitarbeiter, die in der Zentrale arbeiten, als auch an Mitarbeiter, die in Niederlassungen tätig sind, weiterleiten und verteilen. Außendienst- und Vertriebsinformationssysteme unterstützen Niederlassungen, Service- und Vertriebsbüros. Auch unternehmensweite Groupware- und Workflow-Systeme helfen dem Außendienstmitarbeiter (Kapitel → „Schöne neue Welt", → EDV, → Ablage).

Die oben beschriebenen vielfältigen Möglichkeiten des Verteilens, Weiterleitens, Suchens und Zugreifens auf elektronisch gespeicherte Informationen kann nur mit Hilfe einer sogenannten Informationsstrukturanalyse gelöst werden. Hier werden Informationswege, Informationsbedürfnisse, Zugriffsberechtigungen, Gruppenzugehörigkeiten, automatisierte Verteilungen etc. analysiert und beschrieben. Die Informationsstrukturanalyse ist der erste Arbeitsschritt **vor** dem Aufbau eines Informationsmanagementsystems.

In der Fertigung oder der Logistik eines Unternehmens ist „JIT"-Produktion oder -Lieferung bereits seit langem Realität. Für das Büro ist der Begriff „JIT" (just in time = zur richtigen Zeit) oft noch ein Fremdwort. Kommen doch Informationen vielfach nur verstückelt, nicht rechtzeitig oder überhaupt nicht beim Empfänger an.

Der Einsatz von elektronischen Informationsmanagementsystemen führt also dazu, die Ziele des Informationsmanagements im Büro zu erreichen. Nämlich, *die richtige Information zum richtigen Zeitpunkt an den richtigen Ort beziehungsweise zur richtigen Person zu bringen.*

Korrespondenz

Mit dem Abfassen von Briefen und Hausmitteilungen wird in Büros viel Zeit verschwendet. Vieles, was heute akribisch über mehrere Seiten kommuniziert wird, könnte schneller und kürzer über das → Telefon oder eine → Aktennotiz (auch per → EDV) erledigt werden. Darüber hinaus sind viele andere Rationalisierungen bei der Korrespondenz möglich.

„Frau Wirrser, bitte zum Diktat!" Frau Wirrser graut vor diesem Satz. Frau Leuschner ist eine schlechte Diktiererin. An manchen Tagen hat sie den Text schon schriftlich ausformuliert und diktiert dann ins Stenogramm. Dabei stellt Frau Wirrser immer wieder fest, daß ihre Stenokenntnisse ungenügend sind. An anderen Tagen formuliert Frau Leuschner erst, wenn Frau Wirrser im Zimmer ist. Dabei werden sie oft von Besuchern und Telefonaten gestört. Durch die Unterbrechungen kommt es zu „Denkpausen" bei Frau Leuschner. Frau Wirrser hat oft das Gefühl, die Zeit „abzusitzen", während draußen an ihrem Schreibtisch so viel Arbeit liegt.

Es ist heute nicht mehr zu verantworten, daß ein Diktat ins Stenogramm aufgenommen wird. Durchschnittlich kostet ein so diktierter Geschäftsbrief 50,– DM. Die Kosten und die Arbeitszeit werden fast halbiert, wenn Sie ein Diktiergerät einsetzen. Die Vorteile für den Diktierenden sind, daß er zeitlich und örtlich unabhängig arbeiten kann.

Die Vorteile für die Sekretärin sind die flexible Arbeitseinteilung und die bessere Übersicht. Das persönliche Schreibtempo wird selbst bestimmt. Das Phonodiktat ist leichter übertragbar als ein oft unleserliches Stenogramm. Fremdsprachliche Texte können verarbeitet werden, auch wenn Sie weder spanische noch englische Kurzschrift beherrschen. Die Arbeitsleistung ist höher, und das Diktat kann im Fall des Falles delegiert werden.

Das beste Diktiergerät nutzt allerdings nichts, wenn beim Diktieren gegessen, geraucht oder getrunken wird. Auch das Diktieren auf der Autobahn oder während anderer Beschäftigungen, die mit Lärm verbunden sind, tragen nicht zur Effektivität der Arbeit bei. Die Checkliste auf Seite 91 ist für Ihren Chef oder Ihre Chefin gedacht.

Noch effizienter können Sie Ihre Korrespondenz erledigen, wenn Chef und Sekretärin Absprachen treffen. Einigen Sie sich, in welchen Fällen

der Chef, die Chefin ...	**die Sekretärin ...**
... diktiert	... schreibt, gestaltet, ändern und verbessern darf
... Stichworte sagt	... formuliert und gestaltet
... Stichworte sagt	... die Form wählt (Brief, Fax, usw.) und formuliert
...	... kurze Schreiben und einfache Korrespondenz selbst formuliert
	... auch schwierige Korrespondenz selbständig entwirft und formuliert und die Korrespondenz zur Unterschrift vorlegt

CHECKLISTE: Effektives Diktieren

- ✔ Name des Diktierenden
- ✔ Verarbeitung des Diktats (Reinschrift, Entwurf)
- ✔ Anzahl der Kopien
- ✔ Beigefügte Unterlagen
- ✔ Versendungsform
- ✔ Anschrift, falls Unterlagen dabei sind, Kurzform
- ✔ Bezugszeichen
- ✔ Betreff
- ✔ Anrede
- ✔ Text
- ✔ Gruß
- ✔ Anlagen-, Verteilervermerk
- ✔ Diktatende

✎

Unterschriften bei Geschäftsbriefen

In Ihrem Büroalltag finden Sie folgende Formen der Unterschriftsvollmachten:

- der natürliche Name,
- der natürliche Name mit den Zusätzen
  ppa. (per procura)
  i. V. (in Vollmacht)
  m. V. (mit Vollmacht)
  i. A. (im Auftrag)
- den maschinenschriftlichen Vermerk „gez. Leuschner, nach Diktat verreist" mit der Unterschrift der Sekretärin.

Es gibt keine generelle Rechtsverordnung darüber. Im Handelsgesetzbuch ist festgelegt, daß alle Schriftstücke, die Willenserklärungen im Rechtssinn enthalten (Handelsbriefe, Verträge usw.) in rechtsverbindlicher Form zu unterschreiben sind.

In größeren Firmen und bei Behörden ist die Unterschriftenregelung klar in internen Anordnungen geregelt. In kleineren Firmen wird teilweise kein so großer Wert auf Zusätze bei Unterschriften gelegt, so daß mancher Mitarbeiter vor seinem Namen jeden Zusatz wegläßt. Das ist nach außen hin gefährlich, denn der Geschäftspartner kann die Vollmachten des Absenders nicht erkennen. Für ihn gilt daher diese Unterschrift als rechtsverbindlich.

Selbstverständlich ist, daß sowohl der Vorname als auch der Zuname ausgeschrieben werden. Dadurch kann der Empfänger erkennen, ob er mit einer Frau oder einem Mann korrespondiert.

Um Wirtschaftskriminalität aus dem Wege zu gehen, schreiben Sie die Unterschrift so groß, daß die Schrift in die letzte Schreibzeile beziehungsweise Grußformel hineinreicht. Damit können Unterschriften auch bei Fotokopien nicht herausgelöst werden.

Die elektronische Unterschrift

Auch bei elektronischer Vorgangsbearbeitung kann ein Dokument unterschrieben werden. Muß ein Schriftstück von verschiedenen Mitarbeitern bearbeitet oder genehmigt werden, so ist der einzelne Mitarbeiter in der Vorgangskette in der Lage, das Dokument elektronisch „abzuzeichnen", wenn er die Autorisierung dafür hat. Sollte ein Mitarbeiter innerhalb dieses Vorgangs krank oder in Urlaub sein, so wird das jeweilige Dokument an einen anderen autorisierten Mitarbeiter „umgeleitet". Erhält das Schreiben noch eine abschließende Unterschrift des Geschäftsführers und des Prokuristen, so wird ein elektronisches Faksimile der Originalunterschrift an der entsprechenden Stelle im Text eingefügt. Selbstverständlich sind diese Unterschriften vor unbefugtem Zugriff geschützt. Das Schreiben kann nun im Sekretariat ausgedruckt werden. Die abermalige Dokumentenvorlage zur Unterschrift entfällt. Korrekturen dürfen im Text nach dem Setzen der Unterschrift nun allerdings nicht mehr vorgenommen werden.

Guter Briefstil spart Zeit

Um die Informationen zeitsparend für sich und andere zu formulieren, prüfen Sie Ihre Texte.

CHECKLISTE für Ihre Korrespondenz

- ✔ Bilden Sie kurze Sätze.
- ✔ Stellen Sie das Wichtige an den Anfang des Satzes.
- ✔ Schreiben Sie persönlich.
- ✔ Benutzen Sie einfache, kurze Wörter.
- ✔ Streichen Sie Floskeln.
- ✔ Vermeiden Sie Kanzleiausdrücke und Fremdwörter.
- ✔ Versetzen Sie sich in die Situation Ihres Korrespondenzpartners.

✎

Preiswerte Alternativen zum Brief

Der Brief ist immer ein teures Korrespondenzmittel. Wieviel Zeit kostet ein Brief? Jemand überlegt, was die Inhalte sind. Jemand formuliert und diktiert. Jemand schreibt, liest, korrigiert. Jemand unterschreibt. Jemand falzt, kuvertiert, frankiert. Jemand versendet und jemand legt ab. Alle „Jemands" müssen bezahlt werden!

Die Alternativen zum Brief sind das → Telefon, der Begleitzettel oder der *Kurzbrief*:

PaSO

Partnerin für Seminare
und Seminarorganisation

Telefon: 069 / 96 87 34-34
Telefax: 069 / 96 87 34-40

PaSO, R. Zelms, Tucholskystraße 100, 60598 Frankfurt

wie besprochen

bitte Ihre Meinung

wir telefonieren am ____________

jetzt sind Sie an der Reihe

Effektive Korrespondenz: Der Kurzbrief

Noch schneller geht es mit dem Vermerk „*Urschriftlich*". Das ist eine handschriftliche Notiz, versehen mit Datum und Unterschrift, im Originalbrief. Das Original wird zurückgesandt. Formulare und → Checklisten können die Korrespondenz ebenfalls vereinfachen.

Management by Objectives

In vielen Unternehmen wird nach dem Prinzip „Management by Objectives“ (Führung durch Zielvorgabe) gehandelt und geführt. Bei diesem Konzept erarbeiten Vorgesetzte und Mitarbeiter gemeinsam Zielsetzungen für alle Unternehmensebenen. Ein Beispiel:

Das Unternehmen von Frau Wirrser hat folgenden Grund- oder Leitsatz: „Wir gehen aktiv und gezielt auf Kunden zu.“

Das ist ein sogenanntes inneres Ziel, um den Mitarbeitern etwas zu verdeutlichen und gleichzeitig praktische Handlungsrichtlinien zu geben. In den einzelnen Abteilungen muß dieser Leitsatz nun konkretisiert und umgesetzt werden.

Die Sekretärin, Frau Wirrser, und Ihre Chefin, Frau Leuschner, überlegen gemeinsam, wie eine aktive und gezielte Kundenorientierung in der Sekretariatsarbeit erreicht werden kann, beispielsweise mit Hilfe des gezielteren Einsatzes der Textverarbeitung. Das konkrete Ziel heißt: „Bis zum 1. Oktober 1994 sind alle Textbausteine so überarbeitet, daß in den Anschreiben der Kunde persönlicher und freundlicher angesprochen wird.“

Das Management by Objectives besagt nun, daß der Mitarbeiter selbständig anhand des vereinbarten Zieles entscheidet. Das Ziel ist vorgegeben, der Weg frei wählbar. Ob die Sekretärin nun ein Seminar zum modernen Briefstil besucht, ob sie Bücher zum Thema kauft oder ob sie bestimmte Zeiten in der Woche für diese Aufgabe reserviert, entscheidet die Sekretärin selbst.

Die letzten Management BYs:

- **Management by Asparagus**: Man pflegt ihn, man düngt ihn, bis er den Kopf rausstreckt, und dann hackt man ihn ab.
- **Management by Blue Jeans**: Auf jede Schwachstelle eine Niete setzen.
- **Management by Champignons**: Im Dunkeln halten, mit Mist bewerfen, wenn sie die Köpfe herausstrecken, die Köpfe abschneiden.
- **Management by Chromosomen**: Die Zugehörigkeit zum Familienclan ist Conditio qua non für die Aufnahme in die obersten Führungsetagen (in Österreich sehr stark verbreitet).
- **Management by Känguruh**: Große Sprünge mit leerem Beutel machen.
- **Management by Nilpferd**: Sich mit großer Schnauze über Wasser halten.
- **Management by Potatoes**: Rein in die Kartoffeln, raus aus den Kartoffeln.
- **Management by Surprise**: Wenn das Management regelmäßig erst nach dem Eintritt von Ereignissen zu schalten beginnt.

Neinsagen

Einer der größten Zeitdiebe im Sekretariat ist die „Unfähigkeit, nein zu sagen“. Den meisten Sekretärinnen fällt es schwer, klar und deutlich etwas abzulehnen. Nein sagen, Wünsche und Forderungen aussprechen, gehört nicht automatisch zu Ihrem beruflichen Alltag. Das hat unterschiedliche Gründe: zum einen haben viele Frauen gelernt, bescheiden und anpassungsfähig zu sein, zum anderen haben viele Sekretärinnen in rezessiven wirtschaftlichen Phasen Angst, Ihren Arbeitsplatz zu verlieren. Aber die Gleichung „Jasagen = Arbeitsplatz behalten“ geht erfahrungsgemäß nicht auf. Nicht die „Ja-Sager“ werden belohnt, sondern die Menschen, die ihre Grenzen kennen und setzen. Wer sich wie ein Fähnchen im Windkanal dreht, wird immer schneller und schneller und kippt irgendwann um.

Sie können es nicht allen recht machen! Setzen Sie sich → Ziele, und geben Sie klare Zeichen. Sagen Sie „nein“, wenn etwas nicht zu Ihrer Person, zu Ihrer Aufgabenstellung oder Ihrer Stellenbeschreibung paßt.

Es läßt sich mit einem höflichen Umgang vereinbaren, wenn Sie beispielsweise sagen: „Nein, ich habe mich entschlossen, heute abend nicht länger zu bleiben. Stattdessen komme ich morgen etwas eher.“ Sie werden deshalb nicht Ihren Job verlieren. Und auch Ihre Kollegen werden Sie nicht weniger schätzen. Im Gegenteil. Neinsagen bringt Achtung!

Ein Konflikt entsteht nicht, wenn Sie nein sagen, sondern wenn Sie „ja“ sagen und „nein“ meinen. Dann haben Sie plötzlich mehr Arbeit auf Ihrem Schreibtisch und fragen sich, warum alle anderen Kollegen schon auf dem Tennisplatz sind. Sie werden weder mehr gelobt werden noch mehr Geld bekommen, wenn Sie ohne „Widerworte“ Überstunden schieben. Geachtet und befördert wird derjenige, der sich und seine Arbeit gut einschätzen kann und der seine Grenzen deutlich zieht. Was ist machbar? Was ist nicht machbar? Welche Ziele sollen verfolgt werden?

Ein Hauptgrund für das voreilige „Jasagen“ ist die Überraschung. Wir antworten oftmals spontan: „Ja, o.k.“ Statt sofort ja zu sagen, könnte Ihre Antwort aber auch so lauten: „Darüber muß ich nachdenken. Ich rufe in ein paar Minuten zurück.“ So schaffen Sie sich Bedenkzeit und können Ihre Entscheidung treffen, ohne unter dem Zwang zum Nachgeben zu stehen.

Wenn „Jasagen“ Ihr Zeitdieb ist, denken Sie daran: Die wichtigste Person im Unternehmen sind Sie selbst. Sie müssen zuerst auf sich Rücksicht nehmen, bevor Sie es von anderen erwarten. Eine eindeutige und ehrliche → Entscheidung wird von anderen mit Verständnis, Akzeptanz und mit Erleichterung aufgenommen.

Netzplantechnik

Die Netzplantechnik ist eine geeignete Methode, um einen zeitlichen und inhaltlichen Ablauf zu planen. Zusätzlich eignet sie sich hervorragend zum schnellen Feststellen von Abhängigkeiten einzelner Vorgänge oder Bearbeitungsschritte voneinander. Daher ist sie auch dem → Balkendiagramm vorzuziehen. Die → EDV kann Sie durch den Einsatz entsprechender Planungsprogramme unterstützen. Sollten beispielsweise innerhalb der Planung kurzfristige Terminverschiebungen auftreten, so werden die neuen Zeiten einfach eingetragen. Sofort können Sie erkennen, welche Auswirkungen diese **eine** Zeitverschiebung auf weitere Projektabschnitte hat. Sie sehen sofort, wo es jetzt zu zeitlichen Engpässen kommt. Der sogenannte „kritische Weg“ gibt Ihnen deutlich Ihren Zeitrahmen für den gesamten Projektverlauf vor.

Der Einsatz von Netzplänen setzt voraus:

- ▷ Umfang, Inhalt und Dauer einzelner Vorgänge müssen bekannt sein.
- ▷ Die gegenseitigen Abhängigkeiten sind eindeutig.

Der Einsatz von Netzplantechnik ist frühestens möglich, wenn das Problem strukturiert und die einzelnen Bausteine definiert sind. Bei einfach strukturierten Vorgängen lohnt sich die Anwendung der Netzplantechnik nicht.

Ein einfaches Beispiel zum Thema Netzplantechnik aus Beelich/Schwede: Denken, Planen, Handeln. Würzburg 1974:

„Bratwürste mit Pommes und Bier.“

Zur Vorbereitung sind zehn Vorgänge erforderlich. Sechs davon erfordern den ständigen Einsatz einer Bedienung, vier laufen automatisch ab oder sind durch Ein/Aus-Schalter zu betätigen.

Angestrebt wird die **kürzeste Gesamtdauer der Zubereitung**. Dabei ist zu ermitteln,

- ▷ wie lange **vor** dem Essensbeginn mit der Vorbereitung gestartet werden muß,
- ▷ welche Reihenfolge der Einzelvorgänge am zweckmäßigsten ist.

Nr.	Vorgang	Tätigkeit Hausfrau/ -mann	Dauer in Minuten	Reihenfolge
1	Bratwürste würzen und vorbereiten	ja	5	1
2	Grill aufheizen	nein	5	2
3	Bratwürste grillen	nein	15	3
4	Kochplatte aufheizen	nein	2	6
5	Pommes frites aus Kühltruhe holen	ja	1	7
6	Pommes frites „fritieren"	nein	6	8
7	Pommes frites in Schlüssel füllen und servieren	ja	1	9

8	Bier aus dem Kühl-schrank holen	ja	1	4
9	Gläser holen	ja	1	5
10	Einschenken	ja	1	10

Nach der Netzplantechnik werden die einzelnen Tätigkeiten als sogenannte „Knoten" dargestellt. Die Gesamtheit aller Knoten in einer berechneten Reihenfolge ergibt den Netzplan.

<table>
<tr><td>Vorgang-
nummer</td><td>FAZ
frühester
Anfang</td><td colspan="2">FEZ
frühestes Ende</td></tr>
<tr><td colspan="3">Vorgang/
Beschreibung</td><td>Pufferzeit
= SAZ – FAZ
= SEZ – FEZ</td></tr>
<tr><td>Dauer D</td><td>SAZ
spätester An-
fang</td><td colspan="2">SEZ
spätestes Ende</td></tr>
</table>

Netzplanknoten

Die untere Darstellung zeigt nun:

- ▷ die Reihenfolge der Vorgänge
- ▷ früheste und späteste Anfangs- und Endzeiten der Vorgänge
- ▷ Pufferzeiten
- ▷ Tätigkeitszeit des Bedieners
- ▷ kritischer Weg (Pufferzeit = 0)

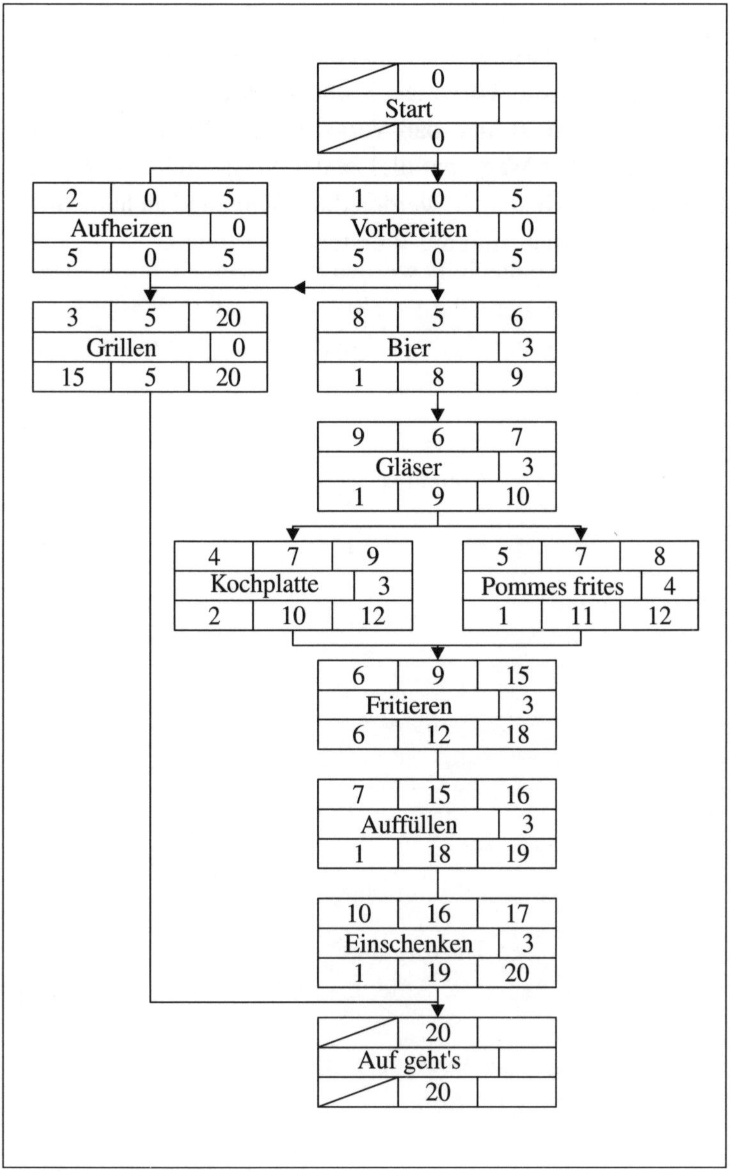

Kompletter Netzplan

Vorgang 1 und 2 starten parallel. Da der Zeitbedarf der gleiche ist (jeweils fünf Minuten), treten auch keine Zeitprobleme auf. Nun beginnen die Vorgänge 3 und 8, ebenfalls parallel. Zu berücksichtigen ist hier, daß Vorgang 3 (Grillen) ohne Pufferzeit (= kritischer Weg), parallel zu den Vorgängen 9, 4, 5, 7 und 10 abläuft. Das bedeutet, werden diese Vorgänge nicht rechtzeitig angeschlossen, sind die Würstchen verbrannt.

Pareto-Prinzip

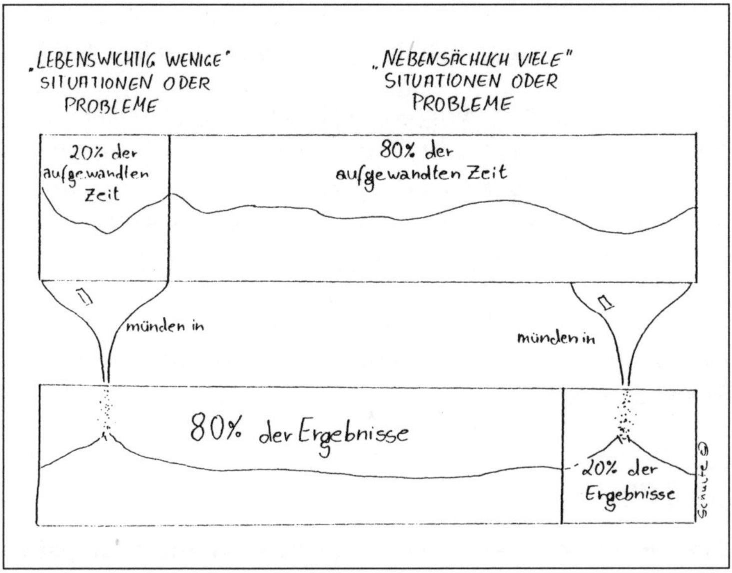

Statische Erkenntnis: Die 80:20-Regel

Der italienische Volkswirt Vilfredo Pareto (1848–1923) kam aufgrund seiner statistischen Erhebungen unter anderem zu folgender Erkenntnis: 20 Prozent der Bevölkerung besaßen 80 Prozent des Volksvermögens. Diese 80:20-Regel bezeichnet man als das Pareto-Prinzip. Umgesetzt auf das tägliche Leben bedeutet das:

- ▷ 20 Prozent der Kunden oder Waren bringen 80 Prozent des Umsatzes
- ▷ 20 Prozent der Produktionsfehler verursachen 80 Prozent des Ausschusses

▷ 20 Prozent der Zeitung enthalten 80 Prozent Nachrichten

▷ 20 Prozent der Besprechungszeit bewirken 80 Prozent der Beschlüsse

▷ 20 Prozent meiner Zeit bringen 80 Prozent meines Erfolges

Frau Wirrser erhält Materialien für zwei umfangreiche Angebote. Das eine Angebot ist für den Kunden Timm bestimmt und beläuft sich auf 20 000,– DM. Das andere Angebot ist für den Kunden Bruns gedacht. Die Angebotssumme beträgt hier 800,– DM. Der Arbeitsaufwand für beide Angebote ist gleich.

Frau Wirrser setzt → Prioritäten nach dem Pareto-Prinzip und entscheidet sich dafür, zunächst das Angebot für den Kunden Timm zu erstellen.

▶ **TIP:**

Finden Sie als Sekretärin die 20 Prozent Ihrer Aufgaben heraus, die am wichtigsten sind, und erledigen Sie diese zuerst. Dann haben Sie mit Ihrer Arbeit 80 Prozent Erfolg für den Betrieb gewährleistet.

Planung

„Zeitplanung hilft Zeit sparen." Dieser Grundsatz trifft nur zu, wenn die Planung präzise erstellt und die verschiedenen Tätigkeiten und → Ziele im Ablauf erledigt und erreicht werden.

▶ **Planen heißt, daß**
▷ die Zukunft aktiver strukturiert wird, ▷ Ziele schneller und besser erreicht werden, ▷ Projekte und Aufgaben gut zu überblicken sind, ▷ weniger Hektik und Streß entsteht.

Ein Teil der Büroarbeit ist rationalisierbar und organisierbar. Beides beginnt damit, festzustellen und schriftlich festzuhalten, wie der einzelne Arbeitsablauf aussieht. Danach wird der wirtschaftlichste Weg für die Durchführung entwickelt: Sie legen fest, „was" „wie" gemacht werden soll.

Überlegen Sie, wie Ihr Tag oder Ihre Woche bisher aussehen. Dabei helfen Ihnen die Checkliste auf Seite 19, die Checkliste für Störungen auf Seite 135 und das folgende Formular. Hier tragen Sie ein, welche Arbeiten Sie verrichten. Kreuzen Sie in der nächsten Spalte an, ob Sie diese Tätigkeit auch weiterhin selbst verrichten möchten oder müssen. In Spalte drei notieren Sie, an wen Sie Arbeiten abgeben können, welche Person oder Abteilung Ihnen bestimmte Aufgaben abnehmen kann. Den Zeitverbrauch können Sie auf volle Viertelstunden aufrunden.

Arbeit/Tätigkeit	selbst weiter verrichten	delegieren an	Zeitverbrauch ungestört	Zeitverbrauch gestört

Grundlage jeder Planung ist, aufzuschreiben, was Sie alles erledigen wollen. Denn: „Aus den Augen – aus dem Sinn!" Alles, was Sie nur „im Kopf" haben, belastet Ihr Gedächtnis. Fangen Sie an, Ideen und Pläne schriftlich festzuhalten. Sie gewinnen zum einen Überblick, zum anderen vergessen Sie keine wichtigen Dinge. Die schriftliche Fixierung bedeutet Arbeitsentlastung des Gedächtnisses, und sie schafft Ihnen die Möglichkeit zur Kontrolle.

Andere Planungsmethoden sind unter →Balkendiagramm und → Netzplan beschrieben.

Planungsmethode

- ✔ Ziel setzen.
- ✔ Zunächst Arbeiten auflisten, die auszuführen sind.
- ✔ Zeitbedarf schätzen. Nicht zu wenig ansetzen.
- ✔ Zeitzuschlag bei der Vorplanung für unerwartete Störungen.
- ✔ Zuweisen der Prioritäten.
- ✔ Zum Schluß kontrollieren, ob alles richtig erledigt ist.

Die technischen Hilfsmittel der Planung

sind → Checklisten, → Terminübersichten (Kalender, Jahres-, Monats-, Wochenplaner), → Tagesplaner, Wiedervorlagemappen, → EDV-Datenbanken, → Zeitplanbücher und Plantafeln.

Plantafeln bieten auf einen Blick Übersicht. Sie hängen im Büro an zentraler Stelle. Sehr vorteilhaft sind Anbausysteme, die sich je nach Entwicklung erweitern lassen. Sie bestehen aus einzelnen Tafeln, die zu jeder benötigten Planungsfläche zusammengestellt werden können. Alle Tafeln sind austauschbar und so handlich, daß sie am Schreibtisch bearbeitet werden können. Sie können auf Plantafeln Urlaubszeiten, Abwesenheiten, Stellenbesetzungen, Außendienst-Einsatz usw. darstellen.

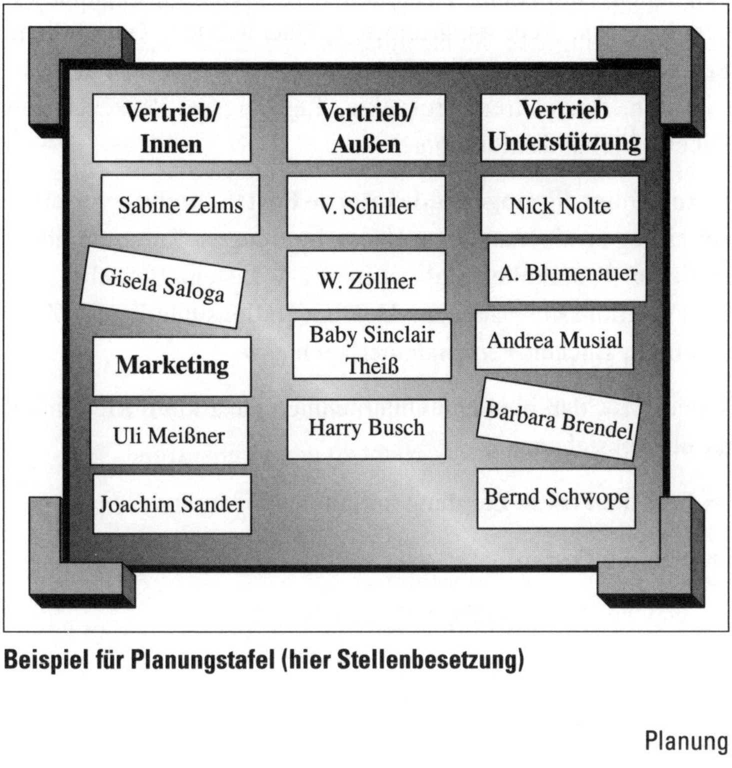

Beispiel für Planungstafel (hier Stellenbesetzung)

Post

Mit der Postbearbeitung ist jede Sekretärin täglich beschäftigt. Je nach Betrieb und Stellung ist der Aufgaben- und Verantwortungsbereich sehr unterschiedlich. In großen Betrieben gibt es eine zentrale Poststelle, die für die Vorsortierung verantwortlich ist. In kleinen Betrieben ist es oft üblich, daß die gesamte Post von der Sekretärin bearbeitet wird. Da die Sekretärin in aller Regel bei → Besprechungen, Meetings, Konferenzen nicht dabei ist, nutzt sie die Eingangspost als → Informationsquelle Nummer eins. Da gibt es die *eingehende externe Post*: Briefe, Einladungen, Vermerke, Protokolle, Rundschreiben, Aufträge, Angebote, Anfragen, Reklamationen, Rechnungen, Mahnungen, Schecks, Wechsel, Wertbriefe, Nachnahmen, Gerichtliche Schreiben, Fernschreiben, Telegramme, Zeitungen, Fachzeitschriften, Broschüren, Prospekte, Tagespresse, Päckchen und Pakete, Verbandsmitteilungen.

Dazu kommt die **eingehende interne Post**: Schreiben von einer Abteilung zu einer anderen, Hausmitteilungen, Rundschreiben, Berichte, Protokolle, Statistiken, EDV-Listen, Betriebs- und Organisationsanweisungen, Dokumentationsunterlagen, Zeitschriften, Bücher, Personalunterlagen usw.

Wichtig ist, daß in jedem Unternehmen ganz klare Richtlinien darüber bestehen:

▷ wer die Post in Empfang nimmt,

▷ wer die Post öffnet,

▷ welche Briefe geöffnet werden dürfen,

▷ wie die Post weitergeleitet wird,

▷ wo die Post gestempelt wird und in welcher Form,

▷ wer berechtigt ist, Einschreibebriefe, Wertbriefe und Nachnahmesendungen in Empfang zu nehmen.

Die Bearbeitung der **Eingangspost** sieht dann so aus:

1. Schreibtisch aufräumen, damit nichts untergeht.
   (→ Schreibtischorganisation)

2. Post vorsortieren nach: Irrläufern, persönlichen Schreiben, Papierkorb

3. Öffnen der Umschläge
   Auch persönliche Schreiben können geöffnet werden, wenn Sie von der entsprechenden Person eine Sondervollmacht haben.
   Sollten Sie einmal einen Brief versehentlich geöffnet haben, kleben Sie ihn zu und schreiben darauf: „Versehentlich geöffnet/Wirrser". Beim Öffnen kann Ihnen ein elektrischer Brieföffner helfen, der bis zu 500 Umschläge pro Minute öffnet.

4. Entnahme der Schriftstücke und Anlagen

5. Kontrolle
   Absenderangaben: Wenn der Absender nicht auf dem Briefbogen steht, übertragen Sie ihn vom Umschlag. Das ist besser als der störende angeheftete Umschlag.
   Datum: Wenn das Datum wesentlich vom Eingangsdatum bzw. vom Poststempel abweicht, dann heben Sie den Umschlag auf.
   Anlagen: Sollten Anlagen fehlen, vermerken Sie dies auf dem Brief.

Aufheben sollten Sie auch Briefe mit Nachnahmequittungen und mit gerichtlichen Zustellungsvermerken. Ansonsten gehören Briefumschläge in den Papierkorb.

6. Stempeln
   Wenn Sie die Post an verschiedene Mitarbeiter verteilen, dann entwerfen Sie sich Ihren eigenen Eingangsstempel:

Anette Wirrser / V-I-Z/-435		
Eingang: 14.01.1995		
VK	EK	GF
erl. bis:	weiter an:	zurück bis:

Posteingangsstempel von Anette Wirrser

7. Post „querlesen“ und aussortieren. Was ist
   - für mich?
   - für den Chef?
   - für andere?
   - für den Papierkorb?

8. Post für andere verteilen

9. Chefpost vorbereiten
   - Termine notieren
   - Vorgänge anheften
   - Unterlagen heraussuchen
   - Markieren wichtiger Textstellen
   - Bearbeitungsvermerke anfügen

Das Organigramm

Jeder Betrieb hat eine bestimmte Struktur, einen bestimmten Aufbau. Daß diese Struktur so sinnvoll wie möglich ist, wird durch die *Aufbauorganisation* geregelt. Die Aufbauorganisation ist sozusagen das Fundament das Betriebes. Sie ist meistens festgelegt im Organisationsplan eines Unternehmens und wird im sogenannten *Organigramm* festgehalten.

Das Organigramm zeigt

- ▷ den hierarchischen Aufbau – Verteilung der Weisungsbefugnisse,
- ▷ die Verteilung der Aufgaben auf die einzelnen Abteilungen.

Ein Organigramm muß verdeutlichen, ob die Anordnungsbefugnisse richtig verteilt und alle Stellen sinnvoll erfaßt werden, ob die Zuständigkeiten gut gelöst und die Beziehungen der Abteilungen untereinander berücksichtigt worden sind. Fehler und Lücken werden schnell sichtbar.

Als Sekretärin sollten Sie das Organigramm gut kennen, damit Sie wissen, wer, was in welcher Abteilung tut. Die Zuständigkeiten und Hierarchien sind für Ihre Arbeit wichtig, wenn Sie beispielsweise Informationen an andere Abteilungen verteilen müssen.

10. Chefpost vorlegen
    Sie können in der Postmappe für den Chef folgende Unterteilung vornehmen:
    - Rot = sofort lesen
    - Blau = innerhalb der ersten Stunde lesen oder alternativ: lesen, bevor Sie...

- Gelb = im Laufe des Tages lesen oder alternativ: vor morgen früh lesen
- Grün = im Zug, im Flugzeug, bei Wartezeiten, am Wochenende lesen

11. Eigene Post erledigen
    - fehlende Anlagen anmahnen
    - Termine notieren
    - wichtige Textpassagen markieren
    - Unwichtiges in den Papierkorb

Versuchen Sie, Ihren Papierfluß zu steuern und zu begradigen, damit die Flut nicht Ihr Büro überrollt. Kein Schriftstück bleibt ohne Bearbeitung. Machen Sie drei Stapel, oder benutzen Sie drei Postkörbe.

Auf den ersten Stapel kommen die Schriftstücke, die länger als fünf Minuten Lektüre erfordern und zu einem späteren Zeitpunkt bearbeitet werden.

Auf den zweiten Stapel kommen alle Dokumente, die sofort abgelegt werden können. Sobald die Sortierung abgeschlossen ist, nehmen Sie den Stapel und machen die → Ablage. Sie legen die Schriftstücke zum Vorgang dazu oder in die Wiedervorlage. Nach dem Motto: runter vom Schreibtisch, weg mit den Stapeln. Als nächstes bearbeiten Sie Ihre → Korrespondenz, Ihren Postausgang.

Zum **Postausgang** gehören Sofort-Antworten, Kopie-Briefe, Pendel-Briefe (Blitz-Briefe), Antwort-Hilfen, Kurz-Briefe, Postkarten, Individualbriefe, Sofort-Erledigungen, ebenso wie die Briefe, die Sie nach Diktat, nach Stichworten, nach Vermerken oder ganz selbständig beantworten.

In vielen kleinen Firmen werden Sekretärinnen mit dem Schreiben der gesamten Ausgangspost beauftragt. Es gibt aber auch eine Reihe von Sekretärinnen, die durch Schreibkräfte oder durch das zentrale Schreibbüro von der reinen Schreibarbeit entlastet werden. Sie sind dann für die Vorlage der Unterschriftenmappe und für den rechtzeitigen Versand verantwortlich. Die Sekretärin muß den Versand kontrollieren und folgendes prüfen:

CHECKLISTE: Versand überprüfen

- ✔ Ist die Versandform in Ordnung?
- ✔ Ist der Briefbogen richtig ausgewählt?
- ✔ Stimmen Anschriften und Anreden?
- ✔ Sind alle Briefe von der Rechtschreibung und der Zeichensetzung korrekt?
- ✔ Fehlen Anlagen?
- ✔ Ist der Brief vom Sachbearbeiter abgezeichnet oder vom Absender unterschrieben?

In einigen Firmen werden der Sekretärin Unterschriftsvollmachten (→ Korrespondenz) übertragen. Diese können sein:

- ▷ Sie unterzeichnet eigenverantwortlich mit ihrem Namen.
- ▷ Sie unterschreibt nur, wenn ihr Chef nicht da ist.
- ▷ Sie benutzt Blankounterlagen des Chefs.
- ▷ Sie benutzt Faksimilestempel des Chefs.
- ▷ Sie unterschreibt mit dem Namen des Chefs.

Tageskopie

In einigen Büros ist es noch üblich, von jedem Briefausgang, von jeder Notiz, die geschrieben worden ist, einen Durchschlag anzufertigen und ihn chronologisch in einem Ordner abzulegen. Die meisten Sekretärinnen, die so arbeiten, betrachten diese Durchschläge als „Sicherheitskopien". Ihre Argumentation:

▷ „Wenn ich ein Schreiben nicht finden kann, nehme ich mir die Tageskopie."

▷ „Tageskopien kann ich ausleihen."

▷ „Wie soll ich sonst beweisen, was ich geschafft habe?"

Eine Tageskopie ist dann nicht nötig, wenn die → Ablage funktioniert. Das heißt, wenn alle Schreiben direkt den Vorgängen zugeordnet sind, wenn nichts in der → Wiedervorlage „schmort", wenn Sie mit Ihrer Ablage nicht unter → Aufschieberitis leiden oder wenn Sie alles mit Hilfe der → EDV erledigen.

E-Mail

E-Mail heißt elektronische Post. Im Gegensatz zur Bundespost oder auch Hauspost bietet die elektronische Post im Unternehmen die Möglichkeit, Informationen über Computer-Terminals oder PC-Netzwerke schnell und direkt zu vermitteln.

Frau Wirrser arbeitet als Abteilungssekretärin im Haupthaus der Firma. Sie muß so schnell wie möglich Ihre Vertriebskollegen und Vertriebskolleginnen in den 50 Niederlassungen über einige wichtige Preisänderungen informieren. 50 Briefe zu schreiben, 50 Anrufe zu tätigen oder 50 Faxe zu versenden ist hier viel zu zeitaufwendig. Per E-Mail „versendet“ sie die Preisänderungen elektronisch „auf einen Streich“ an alle betroffenen Mitarbeiter. Es fällt kein Papier an, und sie kann sicher sein, daß die Informationen auch angekommen sind. Denn sie kann im Bedarfsfall auch überprüfen, ob Ihre Nachricht angekommen ist (elektronisches Einschreiben).

Prompte Post

Unabhängig von den jeweiligen technischen Möglichkeiten signalisiert eine schnelle Postbearbeitung Professionalität. Versuchen Sie daher, die Post, die Sie heute auf dem Schreibtisch haben, auch heute zu erledigen. *Ihre schnelle Reaktion läßt Rückschlüsse auf die Leistungsfähigkeit Ihres Unternehmens zu.*

Geschwindigkeit signalisiert Professionalität

Prioritätenmanagement

Als Sekretärin sollen Sie sämtliche Informationen bündeln und kanalisieren. Dabei sind Sie diplomatisch, diskret, kommunikativ, flexibel, vielseitig und effizient. Was sich hier wie das Anforderungsprofil einer Führungskraft liest, sind die Erwartungen, die an eine Sekretärin gestellt werden.

Um die vielseitigen Aufgaben bewältigen zu können, müssen Sie, wie gute Manager, das Prioritäten-Einmaleins beherrschen. Prioritätensetzung beginnt spätestens, wenn Sie fürchten, nicht alle Arbeiten, die Sie vor sich haben, termingerecht zu erledigen. Dann müssen Sie eine → Planung oder besser noch eine → Tagesplanung erstellen. Sie werden sich entscheiden, welche Aufgaben am wichtigsten sind und erstellen daher eine Prioritätenliste.

Vorteile einer Prioritätenliste

Je kontrollierter Sie mit Prioritätenbildung umgehen, desto

- konzentrierter,
- termingerechter,
- geplanter,
- leistungsfähiger,
- aktiver,
- zufriedener

können Sie arbeiten.

Wenn Sie Prioritäten setzen, beantworten Sie sich die Frage: Welche Tätigkeit muß ich als erstes, als zweites, als drittes ... ausführen, und welche brauche ich gar nicht zu erledigen?

Wer kann Ihnen dabei helfen? Nun, in erster Linie Ihr Chef oder Ihre Chefin. Fragen Sie ruhig bei Ihren Vorgesetzten nach:

„Frau Leuschner, legen Sie Wert darauf, morgen den Halbjahresbericht zu bekommen, oder soll ich erst die Projektbeschreibung für den Kunden Nolte anfertigen? Was ist wichtiger?"

Wenn Sie eigenständig über Prioritäten entscheiden müssen, orientieren Sie sich immer nach den **Wichtigkeiten** und lassen Sie sich nicht ausschließlich von den **Dringlichkeiten** (Terminen) leiten. Die Unfähigkeit, dringende von wichtigen Dingen zu unterscheiden, ist einer der größten Zeitdiebe. Es gibt Modelle, die Ihnen bei der → Entscheidung helfen können.

Eines davon ist die → ABC-Analyse. Hier werden die ertragreichsten Aufgaben zuerst erledigt (A-Aufgaben), da sie den größten Anteil am Erfolg haben. A-Aufgaben sollten sofort erkennbar sein: Ordnen Sie diese in knallrote Mappen, oder versehen Sie diese Unterlagen mit farbigen Aufklebern.

Ein weiteres Entscheidungskriterium ist das → Pareto-Prinzip. Es besagt, daß Sie mit 20 Prozent Ihrer Aktivitäten 80 Prozent Ihres Erfolges verwirklichen.

Die Begriffe „dringend" und „wichtig" sind auch für das → Eisenhower-Prioritätenprinzip maßgebend. Hier werden die Aufgaben konsequent in vier „Boxen" geschoben: sofort erledigen, terminieren, delegieren oder wegwerfen.

Wenn Sie sich weiterhin unsicher sind, welches die wichtigsten Aufgaben für Sie sind, hilft es Ihnen vielleicht, sich an Zielvorstellungen zu orientieren. → *Ziele, die zum Beispiel in einer Stellenbeschreibung festgelegt sind. Welches ist der Sinn meiner Stelle? Was für Aufgaben muß ich erfüllen? Welche kann ich ablehnen? Wenn Sie keine Stellenbeschreibung haben, listen Sie einmal auf, welche Tätigkeiten Sie ausführen und diskutieren Sie mit Ihrem Chef oder Ihrer Chefin, ob alles noch sinnvoll ist. Wenn Sie beispielsweise stundenlang am Kopierer stehen, wäre es dann nicht kostengünstiger diese Arbeiten extern durchführen zu lassen? Wieviel Zeit verbringen Sie mit dem Kaffeekochen für die gesamte Abteilung? Warum brauchen Sie noch Tageskopien? Warum wird das Posteingangs- und Postausgangsbuch nicht endlich abgeschafft?*

Die **„Chronologie“** oder „Wer bzw. was zuerst kommt, mahlt zuerst“ ist auch eine Möglichkeit, Prioritäten zu setzen. In Sekretariaten, in denen mehrere Personen Ihre Schreibaufträge abgeben, hat sich die folgende Liste bewährt. Die Prioritäten werden hier zunächst von den Kollegen gesetzt. Bei terminlichen Überschneidungen gilt die Reihenfolge der Aufträge.

Kollege	Thema	Seiten	fertig bis	Priorität

Die meisten unserer Entscheidungen werden nicht mit dem Kopf, sondern gefühlsmäßig und intuitiv getroffen.

Stellen Sie sich vor, folgende drei Personen stehen kurz hintereinander an Ihrem Schreibtisch, und alle wollen eine dringende Sache erledigt wissen. Für wen arbeiten Sie zuerst?

Nicht nur Sachlichkeit bestimmt die Prioritätenbildung

Erfahrungsgemäß hat der „sachlich-neutrale" die schlechtesten Chancen. Wie Sie sehen, werden unsere Prioritäten nicht immer logisch nach Zielen oder nach Prinzipien gesetzt. Vielmehr gibt es Bauch-, Lust- und Laune- und Spaßentscheidungen sowie die Entscheidung nach Sympathie.

Versuchen Sie so oft wie möglich, nach Wichtigkeiten zu entscheiden. Wenn Sie kontrollierter mit Ihrer Prioritätenbildung umgehen, sind Sie gelassener, auch wenn abends noch Arbeit auf Ihrem Schreibtisch liegt. Was Sie hindert, die Prioritäten konsequent zu verfolgen, sind Störungen, Unerwartetes, Spontanes, Ihre Abneigung → „nein" zu sagen und manchmal auch der „innere Schweinehund". Das heißt, Sie haben Lieblingsbeschäftigungen und leiden ab und an unter → Aufschieberitis. Der größte „Unsicherheitsfaktor" in Ihrer Planung ist jedoch die Fremdbestimmung von außen. Dennoch ist die Vergabe von Prioritäten für ein erfolgreiches Zeitmanagement unerläßlich.

TIP:

Halten Sie die Reihenfolge nach Prioritäten im täglichen Arbeitsablauf strikt ein.

Projektmanagement

Ein Projekt ist ein „Unternehmen auf Zeit". Es ist nicht auf Dauer angelegt, sondern es hat einen Anfang und ein Ende. Es ist meist eine komplexe und komplizierte Aufgabe, die einen klaren Auftrag, meßbare Ziele und ein Konzept braucht. Der Erfolgsfaktor **Nummer eins** ist der Mensch; die Projektleiter und -leiterinnen und ihre Teams. Ein Teammitglied sind Sie als Sekretärin.

Sie müssen in aller Regel keine → Balkendiagramme oder → Netzpläne für Projekte erstellen, aber einzelne Bausteine dieser Planungsmethoden können im Sekretariat hilfreich sein.

Die Projektarbeit ist Arbeit in der Gruppe. Im Gegensatz zur sonstigen oftmals „einzelkämpferischen" Arbeit im Sekretariat erarbeitet eine Gruppe gemeinsam (und überwiegend hauptamtlich) eine Projektlösung.

Folgende Fragen können hier hilfreich sein:

- Arbeiten Sie als gleichberechtigtes Mitglied?
- Betreuen Sie die Gruppe oder einzelne Gruppenmitglieder?
- Welche Funktion haben Sie?
- Sind Sie während des Projektes von Ihren sonstigen Aufgaben befreit? Oder muß das Projekt „nebenbei" laufen?

Die Sekretärin muß in einer Projektgruppe Ihre Rolle neu definieren. Die Gruppenmitglieder haben unterschiedliche Kenntnisse und kommen aus unterschiedlichen Tätigkeitsgebieten.

Die Sekretärin hat im Projektmanagement unterstützende und ergänzende Aufgaben. Das sind: verwalten, dokumentieren, informieren und kommunizieren, Verträge gestalten, Berichte erstellen und Qualität sichern. Hier bringt die Sekretärin ihre Kompetenz ein und unterstützt als Betreuerin den Auftraggeber und den Projektleiter.

Da abteilungsübergreifende Team- und Projektarbeit in Zukunft immer bedeutender werden wird, wird auch die Häufigkeit des Einsatzes von Groupware- und Workflow-Systemen in den Sekretariaten stärker zunehmen. Kapitel → „Schöne neue Welt".

Protokoll

Die meisten Sekretariate sind heute weniger für das Führen der Protokolle während Sitzungen und Konferenzen, sondern für die Bearbeitung zuständig.

Vier verschiedene Protokollarten können in der betrieblichen Praxis auftauchen:

- ▷ Das wörtliche Protokoll, bei dem alles Gesagte aufgeschrieben wird.
- ▷ Das ausführliche Protokoll oder Verlaufsprotokoll. Der Verlauf, die wesentlichen Diskussionsbeiträge, die Argumentation, die Namen der Redner, die Ergebnisse und die Beschlüsse werden notiert.
- ▷ Das Kurzprotokoll enthält nur Ergebnisse, Beschlüsse und die Diskussion, ohne die wörtliche Rede.
- ▷ Das Ergebnis- und Beschlußprotokoll besteht nur aus Ergebnissen und Beschlüssen.
- ▷ Für das Schreiben von Verlaufsprotokollen gibt es einige stilistische Regeln, die auf Seite 129 zusammengefaßt sind.

Wenn Sie die Protokollierung rationalisieren wollen, schlagen Sie Ihrem Chef oder Ihrer Chefin vor, ausschließlich Beschluß- oder Ergebnisprotokolle zu führen.

Die schnellste und „demokratischste" Art des Protokollierens ist ein handschriftliches Simultanprotokoll mit dem Formblatt auf Seite 125:

Simultanprotokoll			vom:		Seite	
erstellt von:	Uhrzeit:		Kopien sind sofort an alle Teilnehmer verteilt worden			
Teilnehmer/Abteilung						
Priorität	Tätigkeit	wer	mit wem	bis wann	Bemerkung	

CHECKLISTE: Protokollstil

- ✔ Verwenden Sie die direkte und indirekte Rede richtig.
- ✔ Gehen Sie mit dem Konjunktiv richtig um.
- ✔ Der Konjunktiv ist für Behauptungen und Meinungen.
- ✔ Der Indikativ ist für Anträge, Beschlüsse und Tatsachen.
- ✔ Schreiben Sie in der Gegenwart.
- ✔ Schreiben Sie kurze Sätze.
- ✔ Verwenden Sie keine Umgangssprache.
- ✔ Fassen Sie Zusammengehörendes zusammen.
- ✔ Formulieren Sie lesbar und verständlich.
- ✔ Benutzen Sie mehr Verben als Substantive.
- ✔ Finden Sie treffende, einfache Ausdrücke.

Dieses ausgefüllte Protokoll wird sofort nach Beendigung der Besprechung für alle Teilnehmer kopiert. Durch diese Form von Ergebnisprotokollen dokumentieren Sie Resultate aus Besprechungen, Konferenzen und Diskussionsrunden. Durch Eintragen der Beschlüsse und Ergebnisse (Was?) wird die weitere Vorgehensweise (Wie?) dargestellt. Die Zeitvorgaben unterstützen eine klare Terminplanung und sind weiterhin Kontrollinstrument. Wer mit wem regelt die Zuständigkeit und damit die Verantwortung. Die Frage nach der Priorität regelt die Wichtigkeit und Dringlichkeit des Projektes.

Reisen

Der Aufgaben- und Verantwortungsbereich für Dienstreisen ist abhängig von der Reisetätigkeit des Chefs. Reist er viel, reist er wenig? Möchte er alles selbst planen, oder erwartet er eine minuziöse Vorbereitung mit Reiseplänen? Wird Ihre Planung durch eine interne Reisestelle oder durch ein externes Reisebüro unterstützt?

Wenn Sie ständig mit Reisevorbereitungen zu tun haben, brauchen Sie folgende Arbeitsmittel:

Flugpläne, Kursbücher, Atlanten, Autokarten, Hotel- und Restaurantführer, Checklisten zur Reisevorbereitung, Reiseplanfomulare, Ihre Reiseakte mit aktuellen Informationen, Telefonnummern von Reisebüros, Fluggesellschaften, vorbereitete Formulare für Bestellungen, Terminanfragen, Bestätigungen usw.

Legen Sie für Ihre Planung eine systematisch geordnete **Reiseakte** an, die alle wichtigen Informationen enthält, beispielsweise auch die Adressen von Botschaften und Konsulaten, Industrie- und Handelskammern, der Automobilclubs, Verkehrsvereine. Auch die Kopien von Ausweispapieren für alle Reisenden finden hier ihren Platz.

Die erste Checkliste zur Reisevorbereitung kann daher so aussehen, wie auf Seite 128 abgebildet.

Reisevorbereitung		Datum:
Zweck der Reise:		
Reisender 1		
Reisender 2		
Reiseziel 1	von:	bis:
Reiseziel 2	von:	bis:

Reiseabwicklung und Organisation	✔
☐ Reiseplan anfertigen	
☐ Flugzeug	
☐ Bahn	
☐ PKW	
☐ Mietwagen	
☐ Abfahrt, frühestens am	
☐ Ankunft, spätestens am	
☐ Reisepaß	
☐ Visum	
☐ Bargeld, Schecks, Kreditkarten	
☐ Hotelreservierungen	
☐ Wer vertritt?	
☐ Benötigte Unterschriften zur Verfügung stellen	
☐ Feste Rückrufzeiten vereinbaren	
☐ Sonstiges:	
Diese Unterlagen und Hilfsmittel einpacken	✔
☐ Besprechungsrelevante Geschäftsvorgänge	
☐ Besprechungsunterlagen	
☐ Produktinformationen	
☐ Preislisten	
☐ Geschäftsbriefbogen	
☐ Firmenstempel	
☐ Visitenkarten	
☐ Werbekataloge, Prospekte	
☐ Werbegeschenke	
☐ Diktiergerät	
☐ Taschenrechner	
☐ Laptop mit relevanten Daten	
☐ Funktelefon	
☐ Adreß-/Telefonverzeichnis	
☐ Notizblock/Schreibutensilien	
☐ Sonstiges:	

Folgende Fragen sind vor einer Reise zu klären:

✔ **Warum**	Grund der Reise
✔ **Wer**	Person(en)
✔ **Wohin**	Ziel der Reise
✔ **Wie lange**	Dauer der Reise
✔ **Wie**	Beförderungsmittel

Wenn die → Termine mit den Geschäftspartnern geklärt sind, ist der nächste Schritt das Buchen der Hotels und das Bestellen der Fahrkarten. Dazu können Sie Arbeitsformulare vorbereitet haben, beispielsweise zur Bestellung von Fahrkarten. Suchen Sie sich ein Reisebüro mit einem ausgezeichneten Firmenservice. Dann können Sie Arbeitszeit und Kosten sparen. Die Auskünfte sind aktueller, die Reservierung erfolgt problemlos, und man gibt Ihnen Hinweise auf kostengünstige Reisen. Visa und Mietwagen können dort geordert werden, und alles wird kostenlos ins Haus geliefert.

Welches Beförderungsmittel Sie benutzen, hängt von den Kriterien Wirtschaftlichkeit (Reisekosten), Sicherheit (sichere Verkehrsmittel benutzen) und Zeit (Arbeitszeit ist teuer) ab.

Wenn Ihnen das Reisebüro nicht auch die Hotelbuchung abnimmt, können Sie dafür andere Agenturen einschalten, die für Sie kostenlos Hotelzimmer buchen. Legen Sie mit der Agentur bestimmte Kriterien fest, wie beispielsweise Preis, Nichtraucherzimmer, Flugplatz-/Bahnhofsnähe, Nähe zum Konferenzort, City-Lage, Hotelservice, Hotelkategorie.

Fax an: Reisebüro Weltweit Datum: __________

Wir brauchen folgende Fahrkarten:

für

Bahncard, 1. Klasse, Nichtraucher, Großraum am Tisch, Platzreservierung

hin:

FFM _______ am: __________ ab: _______ Uhr

zurück:

_____ FFM am: __________ ab: _______ Uhr

Bitte geben Sie die Tickets am Montag früh bei unserem Pförtner ab.
Danke!

Mit freundlichen Grüßen

Faxformular für Fahrkarten

Reiseplan

Bevor Ihr Chef auf Geschäftsreise geht, erstellen Sie den Reiseplan. Hier sind alle Termine, Besprechungen, Abfahrts- und Abflugzeiten vermerkt. Ein ausgefüllter Reiseplan kann dann beispielsweise so aussehen, wie auf Seite 132 abgebildet.

Neben dem Reiseplan ist für Ihren Chef oder Ihre Chefin eine persönliche **Reisemappe** wichtig. In dieser Reisemappe sind zu finden:

CHECKLISTE: Reisemappe

✔ **Private Unterlagen**	Ausweis, Paß, Führerschein, Impfpaß usw.
✔ **Reiseunterlagen**	Fahrkarten, Papiere, Hotelbuchung, Autoschutzbrief, Umschlag für die Spesenbelege usw.
✔ **Geschäftsunterlagen**	Firmenbögen, Umschläge, Prospekte, Werbegeschenke, Taschenrechner, Visitenkarten, Füller usw.

Reiseplan

Abteilung

für: Fr. Leuschner		Zweck:	☐ PKW	ICE, 1. Klasse	Erstellt von: Annette Wirrser
		Projekt-	☒ Bahn	hin: Wagen 2, Platz 65	am: 26.07.1994
		besprechung	☐ Flugzeug	zurück: Wagen 1, Platz 43	erreichbar unter: 069 / 4990245

Datum	Abreise um Dauer der Reise	Abreise von Ankunft in	Termin, Besprechung mit:	Telefon	Bemerkungen
28.07.1994	von 12.51	FFM HBF	15.30 Besprechung mit Frau Severin	0511 / 245810	Projektunterlagen
	bis 15.06	Hannover HBF	im Mövenpick am Kröpcke		in 2facher Ausführung
					mitnehmen
			20.30 Besprechung mit Herrn Sander	0511 / 453628	
			im La Mancha, Lindener Markt		
			Zimmer gebucht im Hotel „Zur Leine“, Lindenstr. 11	0511 / 862153	Einlaß nur bis 24 Uhr
29.07.1994	von 6.20	Hannover HBF	Heimreise		Sie werden am
	bis 8.39	FFM HBF			Bahnhof abgeholt

Kopien an: Ihre Vertretung, Herrn Dressler

Schreibtischorganisation

→ Arbeitsplatzorganisation

Grundsätzlich sollte die Arbeitsfläche auf Ihrem Schreibtisch freigehalten werden. Arbeitsmittel und Zusatzinformationen, die bei der derzeitigen Arbeit häufig benötigt werden, sollten sich in unmittelbarer Nähe und somit im direkten Zugriff befinden. Wichtig für die Anordnung auf Ihrem Schreibtisch ist ferner, ob Sie Rechts- oder Linkshänderin sind.

Als Rechtshänderin werden Sie das Telefon links auf Ihrem Schreibtisch plazieren, damit Sie gegebenenfalls eine Notiz während des Telefonates machen können, ohne dafür den Telefonhörer in die andere Hand nehmen zu müssen.

Arbeiten Sie mit einem Bildschirmarbeitsplatz (PC oder Computer Terminal)? Dann sollte dieser ebenfalls links von Ihnen stehen.

Ein wichtiges Kriterium für die Anordnung der Arbeits- und Hilfsmittel am Arbeitsplatz ist die Reichweite. Die Reichweite läßt sich in drei Kategorien aufteilen:

Kategorie I: direkter Zugriff im Sitzen ohne Änderung der Sitzposition

Kategorie II: direkter Zugriff im Sitzen, mit leichter Änderung der eigentlichen Position durch Vorbeugen oder Strecken

Kategorie III: indirekter Zugriff, da das Erreichen nur durch Verlassen der Sitzposition möglich ist

Alle anderen Hilfs- und Arbeitsmittel sollten Sie sinnvoll, das heißt, in einem dem Arbeitsablauf angepaßten System organisieren, beispielsweise nach dem sogenannten Links-Rechts-Fluß-Prinzip: linke Seite Eingang, in der Mitte Verarbeitung, rechte Seite Ausgang.

CHECKLISTE: Ihre Schreibtischorganisation

- ✔ Schaffen Sie sich das für Sie geeignete Ordnungssystem für Ihre Arbeitsunterlagen und Vorgänge an.
- ✔ Führen Sie Gleichartiges zusammen, und benutzen Sie dafür eine nach logischen und optischen Gesichtspunkten eindeutige Ordnungssymbolik.
- ✔ Unterscheiden Sie Ihre Aktivitäten durch Symbole. Setzen Sie Prioritäten, und machen Sie diese für Sie leicht sichtbar.
- ✔ Entrümpeln Sie Ihre Schreibtischplatte von allen unnötigen Unterlagen. Nur der zu bearbeitende Vorgang liegt darauf.
- ✔ Trennen Sie sich von Unwichtigem.
- ✔ Bewahren Sie nur das auf, was Sie wirklich brauchen oder aufbewahren müssen.
- ✔ Legen Sie alles Erledigte sofort ab.
- ✔ Leiten Sie Informationen und Vorgänge für andere Bearbeiter so schnell wie möglich weiter.
- ✔ Halten Sie Ordnung auf dem Schreibtisch und in den Hängezügen. Ihr Schreibtisch ist ein Arbeitsplatz, keine Ablagefläche.

Störungen

Frau Wirrser sitzt über einem schwierigen Bericht. Plötzlich klopft es. Die Tür geht auf, ihre Kollegin Rita schiebt den Kopf durch die Tür und fragt: „Störe ich?“

Die Frage ist überflüssig, denn die Störung ist schon durch das Klopfen gegeben. Wenn Sie Ihre Unterbrechungen analysieren, werden Sie feststellen, daß einige Störungen vermeidbar sind. Die folgende Checkliste soll Ihnen helfen, vermeidbare Störer zu erfassen. Listen Sie auf, wieviele Minuten Ihnen gestohlen werden.

	Vermeidbar		
Art der Störung	**nein**	**ja**	**wie ?**
vom Chef gerufen	X		
Kollege kommt plaudern		X	auf später verweisen
Telefonat/Kunde	X		
Baustellenlärm	X		abfinden/abhärten
Über Baustellenlärm geärgert		X	Unsinnigkeit der Verärgerung einsehen
Auf Unterhaltung am Nebentisch geachtet		X	besser disziplinieren

Streß

Wenn der Knotenpunkt Sekretariat auf Hochtouren läuft, sollen Sie ruhig bleiben, und wie es in so mancher Stellenanzeige heißt, „belastbar“ sein. Gleichgültig, ob das Telefon ständig klingelt, Kollegen und Besucher in Ihrem Zimmer Reden schwingen, der Kopierer auf Hochtouren läuft, der Nadeldrucker Serienbriefe rattert, die Großbaustelle Staub in Ihr Büro wirbelt und Ihr Chef in einer Viertelstunde eine Präsentationsgrafik von Ihnen braucht. Sind Sie dann gestreßt?

Auf Streßsituationen reagieren Menschen ganz verschieden. Die einen genießen das Gefühl „ohne mich geht hier nichts“, die anderen fühlen sich in solchen Situationen überfordert.

Ist Streß jetzt schlecht oder gut für Ihre Arbeit? Im allgemeinen wird Streß als negativer Faktor gesehen, aber es gibt zwei verschiedene Formen von Streß. Den Di-Streß, die negative, gesundheitsschädliche Form, und den Eu-Streß, die positive, gesundheitsfördernde Form. Wer heute von Streß spricht, meint Distreß. Und auch der ist wichtig. Ohne Streß geht es nicht voran. Ein gewisses Maß an Streß brauchen wir zur eigenen Motivation. Streßreaktionen versetzen uns in die Lage, mit den wechselnden Umständen des Lebens zurechtzukommen.

Die Ursachen von Streß im Alltag sind vielfältig. Zuviel harte Arbeit oder auch gar keine Arbeit, Langeweile, überfüllte Räume oder Lärm. Streßauslösende Situationen am Arbeitsplatz sind übermäßige Arbeitsanforderungen, Konflikte in der Zusammenarbeit, unbefriedigende Arbeitsbedingungen, keine Rücksichtnahme anderer Mitarbeiter auf die eigenen Bedürfnisse.

Einerseits werden Sie ohne Ihr Zutun mit Streßsituationen konfrontiert, wie beispielsweise mit dem Verkehrsstau oder der Großbaustelle vor dem Fenster. Andererseits schaffen Sie sich ihre Streßquellen selber, zum Beispiel indem Sie sich durch zu hohe → Ziele unter Druck setzen oder überaus perfekt arbeiten wollen.

Die Hauptstreßquelle im Sekretariat ist der Zeitdruck. Vielleicht wünschen Sie sich auch, nicht ständig unter Zeitdruck zu stehen, sich nicht immer hetzen (lassen) zu müssen, auch einmal in Ruhe nachdenken und sich auf eine Sache konzentrieren zu können.

Versuchen Sie doch einmal folgendes: Schaffen Sie die Signale ab, die fortlaufend an Zeitdruck erinnern, ohne zur Beschleunigung Ihrer Arbeit beizutragen. Da ist beispielsweise der offen liegende Terminkalender mit den vielen Eintragungen, der Piepser der Armbanduhr, der Stoß von Unterlagen auf Ihrem Schreibtisch.

Räumen Sie solche Störreize aus dem Weg. Der Termin bleibt zwar, aber das permanente Gefühl, unter Druck zu stehen, verliert sich.

Zeitdruck läßt sich auch beseitigen, wenn Sie → Prioritäten setzen, Kleinkram nicht in Ihrer besten Arbeitszeit machen, nur weil er jetzt gerade auf Ihrem Schreibtisch gelandet ist. Die persönliche → Arbeitsorganisation kann streßauslösend sein, wenn Sie inmitten eines Durcheinanders arbeiten, Ihre Notizen auf Zetteln machen, keine Tagesplanung führen, Ihr → Schreibtisch im Chaos versinkt. Auch die Krankheit → Aufschieberitis kann zu Zeitdruck führen, ebenso wie mangelnde → Planung und → Entscheidung.

Glauben Sie nicht, im Streß zu sein sei heute der Normalzustand, unvermeidbar und ein Zeichen für Status und Erfolg. Streß muß nur in vielen Fällen für alle möglichen Unzulänglichkeiten herhalten. Streß kommt in aller Regel nicht von der Arbeit, sondern vom Umfeld. Stellen Sie doch den Kopierer nicht in Ihr Zimmer, sondern in einen separaten Raum. Nicht der Kopierer macht den Krach, sondern die Kollegen, die ihn bedienen. Der lärmende Nadeldrucker bekommt entweder eine schalldichte Druckerhaube, oder es wird ein leiseres Modell angeschafft. Gestalten Sie Ihren Arbeitsplatz mit eigenen Bildern oder Grünpflanzen attraktiv, wenn es Ihre Büroform zuläßt.

Denken Sie daran, daß Sie nicht jeden Tag Ihre persönliche Höchstform erreichen. Sie haben manchmal schlecht geschlafen, oder es plagen Sie gerade private Sorgen. Es kann jeden Tag etwas schiefgehen, der PC kann abstürzen, oder Ihr Auto springt nicht an. Das ist normal. Das ist das Chaos.

Hier sind zehn Tips zur Bewältigung von Streß:

TIPS:

- ▷ Erkennen Sie die eigenen Grenzen.
- ▷ Setzen Sie Prioritäten.
- ▷ Schaffen Sie sich Konzentrationsmöglichkeiten.
- ▷ Überwinden Sie die Aufschieberitis.
- ▷ Planen Sie Ihre Zeit richtig.
- ▷ Organisieren Sie Ihren Chef.
- ▷ Gönnen Sie sich Ihre Freizeit.
- ▷ Genießen Sie Ihr Privatleben.

Tagesplanung

Tagesplanung im Sekretariat? Viele Kolleginnen schütteln hier den Kopf. „Mein Chef bestimmt jeden Tag neu, was ich zu tun habe.“ „Wir sind völlig vom Tagesgeschäft abhängig.“ „Ich weiß nicht, was mich am Morgen erwartet.“ Solche Arbeitsplätze existieren, aber sie sind die Ausnahme. Normalerweise gibt es schon einige Stunden des Tages, die Sie eigenständig planen können. Wenn es eine gute und interessante Stelle ist, haben Sie viel Selbständigkeit und Delegationsmöglichkeiten. Dann können Sie die 60 : 40-Regel der Zeitplanung (Time/System GmbH, T/S-form 8025) anwenden.

Zehn Stunden des Tages werden folgendermaßen verteilt:

- ca. 60 Prozent geplante Aktivitäten
- ca. 20 Prozent unerwartete Aktivitäten (Reservezeiten, nicht planbare Aktivitäten, Störgrößen, Zeitdiebe)
- ca. 20 Prozent spontane Aktivitäten (soziale, kreative und kommunikative Zeiten)

Je nach Art der Tätigkeit werden diese Werte nach oben oder unten abweichen. Für das Sekretariat kann im Extremfall gelten: Verplanen Sie nicht mehr als 20 Prozent Ihrer Zeit aktiv. Drehen Sie das Modell um.

Alle Pläne, Notizen und Ideen gehören nicht auf Zettel, sondern an einen festen Platz, eventuell in ein „Tagebuch“ oder, was noch sinnvoller ist, in ein → Zeitplanbuch. Das Zeitplanbuch ist ein Loseblattsystem, das in einem Arbeitsringbuch zusammengefaßt ist und durch eine sinnvolle Unterteilung übersicht-

60:40-Regel

lich gehalten wird. Für viele Sekretärinnen ist es bereits ein ständiger persönlicher Begleiter und ihr schriftliches Gedächtnis, das immer und überall zur Hand ist.

Zehn Minuten müssen für Ihren Tagesplan reichen. Am besten, Sie beginnen morgens mit einer kurzen Aufgabe, die Sie gut kennen und beherrschen und die Ihnen Freude macht. Dann ist wenigstens eine Sache erledigt und abgehakt.

Überlegen Sie auch, welches die wichtigsten und dringendsten Aufgaben des Tages sind. Stellen Sie sich nicht die Frage: „Wie kann ich alle anfallenden und beabsichtigten Dinge besser tun?“, sondern fragen Sie sich: „Was sind die besseren Dinge?“ Das ist der Unterschied zwischen **Effizienz** und **Effektivität**. Setzen Sie → Prioritäten, legen Sie eine Reihenfolge fest, und gehen Sie dann in dieser Reihenfolge vor.

Es gibt im Laufe des Tages störungsarme Zeiten. Erledigen Sie Ihre Intensivvorgänge in diesen Stunden, damit Sie schneller zu besseren Ergebnissen kommen. Am besten ist es, wenn Sie sich sogenannte **Fixzeiten** zur Erledigung der Aufgaben organisieren. Einigen Sie sich mit Gesprächspartnern, mit denen Sie mehrfach die Woche zu tun haben, auf bestimmte Anrufzeiten, beispielsweise: „Wir versuchen, jeden Dienstag und jeden Donnerstag zwischen 14 und 16 Uhr miteinander zu telefonieren." Es entfällt damit das lästige „Hintereinanderhertelefonieren".

Ein weiterer Tip für die Tagesplanung: Erledigen Sie Ihre Aufgaben serienweise, das heißt, wenn Sie einmal am Telefonieren sind, arbeiten Sie Ihre Telefonate ab. Sammeln Sie zum Beispiel alle Dinge, die zu kopieren oder zu schreiben sind, und arbeiten Sie dann serien- bzw. stapelweise ab.

Streichen Sie auf dem Tagesplan jede Arbeit, die Sie erledigt haben, durch. Am besten dreimal. Das hebt das Erfolgsgefühl.

Hier zehn Tips für Ihre Tagesplanung:

TIPS:

- ▷ Bereiten Sie den Tag gründlich vor.
- ▷ Planen Sie Ihren Tag realistisch.
- ▷ Reservieren Sie sich Zeiträume für Unvorhergesehenes.
- ▷ Berücksichtigen Sie Ihren Lebensrhythmus bei Ihren Tagesplanungen.
- ▷ Versehen Sie Ihre Aufgaben mit Prioritäten.
- ▷ Sorgen Sie für einen optimalen Start.
- ▷ Reservieren Sie sich stille Stunden und Pausen.
- ▷ Gewöhnen Sie sich an einen gewissen Arbeitsstil.
- ▷ Planen Sie jeden Tag etwas, auf das Sie sich freuen können.
- ▷ Bereiten Sie jeden Tag nach.

T-Dienste:

Telefax, Telex, Teletex

Telefax (fac simile = lat.: mach es gleich) ermöglicht die bequeme Übermittlung von Texten, Grafiken, Zeichnungen und handschriftlichen Notizen über das öffentliche Fernsprechnetz.

Wenn Sie ein Fax im DIN-A4-Format zwischen 8 Uhr und 18 Uhr versenden, kostet es etwa halb soviel wie ein Brief. Ab 18 Uhr wird die einzelne Seite noch preiswerter. Bei mehreren Seiten ist es jedoch günstiger, Ihre → Korrespondenz weiterhin per → Post oder per → EDV zu versenden.

Ein großer Nachteil der Übertragung per Fax ist die mangelnde Vertraulichkeit. Sie wissen nicht, durch wie viele Hände es beim Empfänger gereicht wird, bevor es seinen Adressaten erreicht.

Wenn Sie einen Brief per Fax übertragen, gehen Sie bisher so vor, daß Sie den Brief in Ihrem Computer erstellen, ihn ausdrucken und dann zum Faxgerät gehen.

Technisch gibt es bereits die Möglichkeit, direkt von Ihrem Arbeitsplatz aus Dokumente zu faxen. Dies geschieht in der Regel über einen in das hausinterne Netzwerk integrierten sogenannten Faxserver (als Faxgerät eingesetzter Computer). Auch eingehende Faxe können über den Faxserver empfangen werden. Doch wer leitet diese dann papierlos an die entsprechenden verschiedenen Empfänger weiter? Es empfiehlt sich daher, eingehende Faxe nach wie vor auszudrucken. Am besten auf einem Laser- oder Tintenstrahldrucker mit Normalpapier, das nicht so schnell verblaßt wie das Thermopapier des Faxgerätes.

Ein anderer Grund für das Ausdrucken ist, daß Faxe bisher noch nicht exakt an einen bestimmten Mitarbeiter im Netzwerk adressierbar sind, es sei denn, es wird sowohl auf Sender- als auch auf Empfängerseite ISDN (→ Telefon) benutzt.

Das Faxgerät ist aber nicht nur zum raschen Versenden Ihrer Post geeignet. Mit Hilfe Ihres Faxgerätes können Sie „sprachlos“ Informationen von verschiedenen Fax-Informationsdiensten anfordern. Der gezielte Informationsabruf funktioniert bei solchen Faxgeräten, die über eine Abruf-Funktion, auch Sendeabruf oder Polling genannt, verfügen. Der Ablauf ist dann folgender: Sie stellen Ihr Faxgerät auf „Abruf“, wählen die entsprechende Nummer, und schon werden Ihnen die gewünschten Informationen überstellt. Einsatzbereiche in Ihrem Unternehmen können sein: die Information Ihrer Kunden über Preisänderungen, Sonderangebote, neue Produkte oder ähnliches. Auch der kostenlose Einsatz von 0130-Nummern ist möglich. Beim Einsatz von elektronischen → Informationsmanagement-Systemen, die in der Lage sind, automatisiert Informationen an die mit Ihnen verbundenen Kunden zu senden, wird das „Fax-Polling“ überflüssig.

Telex = Fernschreibdienst (teleprinter exchange – tele = fern, exchange = Austausch) ist ein mittlerweile recht antiquierter Vertreter der direkten Datenübertragung. Über diese „Fernschreibmaschine“ ist es möglich, Texte direkt zu versenden. Ein Nachteil ist der beschränkte Zeichensatz.

Teletex (tele = fern, t = Text, ex-change = Austausch) heißt „Bürofernschreiben“. Teletex bietet die Möglichkeit, an einem Arbeitsplatz Texte zu erstellen, zu versenden und zu empfangen. Teletex arbeitet mit dem vollen internationalen Zeichensatz, also auch mit Umlauten und Sonderzeichen.

Telefon

Bei Frau Wirrser klingelt das Telefon. Sie hebt ab, doch bevor sie sich melden kann, sagt eine Frauenstimme am anderen Ende: „Ich lege Sie gleich um." Frau Wirrser hört diese Stimme zum ersten Mal, sie ist sich keiner Schuld bewußt. Eine Verwechslung? Zum Nachfragen bleibt keine Zeit. Ein Knacken ... und eine freundliche Stimme meldet sich: „Hier ist das Sekretariat von Herrn Dr. Huber, guten Tag."

Diese Episode ist kein Krimi mit Happy-End, sondern ein Vermittlungsversuch am Telefon. Und nicht immer nehmen derlei Aktionen ein gutes Ende. Für einige scheint das Telefon immer noch ein „Teufelsding" zu sein.

Im Gegensatz zur sonstigen Kommunikation, die alle unsere Sinne (Hörsinn, Sehsinn, Tastsinn, Riechsinn) anspricht, ist die Telefonkommunikation ausschließlich vom „Hörsinn" abhängig. Ein „Auge in Auge" gibt es hier nicht, lediglich die verbale Kommunikation ist vorhanden, zumindest solange wie das Bildtelefon sich noch nicht durchgesetzt hat. Der Telefonkontakt ist anonymer als der persönliche Kontakt vor Ort. Ein Fehler im Gespräch, ein falscher Zungenschlag oder einfach mangelnde Konzentration können nicht durch optische Hilfsmittel oder einfach durch Präsenz ausgeglichen werden. Auch der „Rausschmiß" ist viel einfacher. Ein Druck auf die Gabel genügt. Das Telefongespräch ist eine subtile, komplexe Form des Dialogs, eine gute Vorbereitung ist daher sehr wichtig.

CHECKLISTE: Sie wollen zum Hörer greifen!

In Ihrem Blickfeld sind:

- ✔ die relevanten Informationen: Kundendatei, Ordner, EDV-Ausdruck, Karteikarte, Telefonnummer, Namen, Anschrift, Umsatzzahlen, Einkaufszahlen, Angebotsblatt, Aussendungsmuster, Konditionen etc.
- ✔ die organisatorischen Hilfsmittel: Gesprächsleitfaden, Argumentationsmatrix, Schreibgerät etc.

Ihr Ziel haben Sie sich klar gesetzt. **Sie wählen an**. Achtung: kein Anschluß „unter" dem rechten Ohr! Bedenken Sie: **Links vor rechts**! Geschäftsgespräche immer am linken Ohr führen. Es hat den Draht zu dem Teil des Gehirns, das die Emotionen verwaltet. Wer rechts hört, ist oft falsch verbunden, denn diese Seite leitet ins Logik-Zentrum, wo die Gefühle nichts verloren haben. Beginnen Sie **langsam**. Der Angerufene braucht mindestens sieben Sekunden, um sich auf das Gespräch und auf Ihre Stimme einzustellen. **Lächeln Sie**, bevor Sie zum Hörer greifen. Ihre Stimme wirkt positiver, Ihr Gegenüber hört aufmerksamer zu.

Ihr Telefon klingelt. Bitte lassen Sie es jetzt nicht siebenmal läuten, um zu zeigen, daß Sie ein wichtiger Mensch sind. Andere wichtige Menschen legen nach dem fünften Mal auf, und Sie haben das Nachsehen. Besser ist es, Sie nehmen den Hörer ab und melden sich mit dem Firmennamen und Ihrem Namen. Wenn Sie möchten, daß der Gesprächspartner Ihren Namen behält, wiederholen Sie, beispielsweise wie der berühmte Geheimagent 007: „Mein Name ist BOND, James Bond, guten Tag.“ Falls Sie sich nicht wie 007 fühlen, reichen auch Firmenname, Nachname und eine Grußformel. Jetzt ist Ihr Gesprächspartner an der Reihe. Auch er sollte Namen und Firmenname nennen und den Grund des Anrufes. Falls er das nicht tut, fragen Sie nach! Die meisten Menschen sprechen den eigenen Namen viel zu schnell, weil er ja so vertraut ist. Bei Unverständlichkeiten benutzen viele ein Telefonalphabet und meinen, nun sei alles klar. Leider werden auch diese Wörter oft sehr schnell gesprochen. Versuchen Sie es einmal so: D wie Dora, I wie Ida, G wie Gustav, U wie Upsala, S wie Santiago, W wie Washington.

Das Telefongespräch können Sie sofort und direkt erledigen, wenn Sie die nötige Auskunft geben können oder indirekt erledigen, indem Sie versprechen, die erhaltenen Informationen sofort an die entsprechende Stelle weiterzuleiten.

Müssen Sie rückfragen, decken Sie die Sprechmuschel ab, oder unterbrechen Sie das Gespräch. Geben Sie jedoch in jedem Fall einen Zwischenbescheid.

CHECKLISTE: Telefonieren stimmt, wenn ...

- ✔ Ihre Telefon-Anlage den tatsächlichen Bedürfnissen genügt,
- ✔ Ihre Telefon-Zentrale und alle Sekretärinnen immer informiert sind über Änderungen im Unternehmen,
- ✔ Sie nicht „umsonst“ anrufen, sondern von Mitarbeitern/Kollegen erfahren, wer, wo, wie, wann zu erreichen ist,
- ✔ die Gesprächsnotizen zweckmäßig gestaltet sind.

Versuchen Sie im Laufe des Gespräches zu einer befriedigenden Lösung zu kommen. Bleiben Sie freundlich, höflich und sachlich. Wenn Sie einem Anrufer nicht die nötigen Auskünfte geben können, verbinden Sie weiter. Geben Sie dabei dem neuen Gesprächspartner den Namen und ein Stichwort, zum Beispiel:

„Frau Leuschner, hier ist Herr Dressler am Apparat. Es geht um das Projekt in London.“

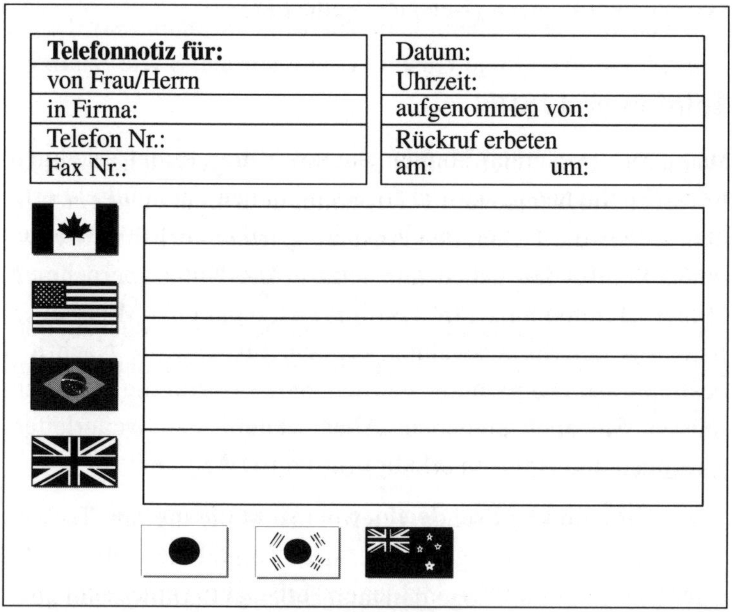

Telefonnotiz für:	Datum:
von Frau/Herrn	Uhrzeit:
in Firma:	aufgenommen von:
Telefon Nr.:	Rückruf erbeten
Fax Nr.:	am: um:

Beispiel: Telefonnotiz einer Exportabteilung

Folgende Informationen sind immer auf einer Notiz zu finden:

- ▷ Wer hat angerufen?
- ▷ Von welcher Firma?
- ▷ Wann war der Anruf?

- ▷ Welcher Wunsch wurde geäußert?
- ▷ Was muß veranlaßt werden?
- ▷ Wann ist der Partner wo zu erreichen?
- ▷ Welche Nummer hat er (dort)?

Vereinfachen Sie Ihre Telefonnotizen, indem Sie Symbole aufdrucken, die die Schreibtätigkeit reduzieren. Wenn es zum Beispiel bei Ihren Telefonaten häufig um Informationsmaterial für Großbritannien geht, dann brauchen Sie nur das Flaggensymbol anzukreuzen (Beispiel: Seite 147).

Telefon und ISDN

Wenn Sie Ihre Telefonnotiz elektronisch gespeichert haben, brauchen Sie Namen und Telefonnummern nicht mehr einzugeben, da Sie die Firma, den Ansprechpartner vorher in der Datenbank gefunden haben und jetzt in die Notiz übernehmen. Hinter „Telefonnotiz für" verbirgt sich dann eine Mitarbeiterliste, aus der Sie auswählen können, für wen die Nachricht bestimmt ist. Die Symbole werden markiert. Nur die Nachricht müssen Sie noch eingeben. Alles weitere, das Weiterleiten, Zuordnen und Ablegen erledigt Ihr → EDV-System.

Auch vor dem klassischen Telefon macht die digitale Technik nicht halt. ISDN (Integrated Services Digital Network = integrierendes digitales Fernmeldenetz) ermöglicht einen schnellen Verbindungsaufbau (statt bis zu 30 Sekunden jetzt rd. 1,7 Sekunden). Telefongespräche werden klar übertragen (knack- und rauschfrei), Daten werden schneller übermittelt. Zum Beispiel werden für die Versendung einer DIN-A4-Seite als Fax zwischen 40 bis 60 Sekunden benötigt. Mit ISDN brauchen Sie nur ungefähr zehn Sekunden. Auch fällt die Vernetzung einer ISDN-Telefonanlage mit Ihrer EDV wesentlich leichter.

Termine

In aller Regel ist die Sekretärin für die Planung und die Überwachung von Terminen in Absprache mit ihrem Chef zuständig. Zur → Planung im Sekretariat sind viele Hilfsmittel geeignet: → Checklisten, → Tagesplaner, → EDV-Datenbanken, → Zeitplanbücher, Plantafeln, Wiedervorlagemappen, Terminkarten und Terminübersichten (Kalender, Jahres-, Monats-, Wochenplaner), aber auch Nachschlagemöglichkeiten, wie beispielsweise Übersichten von Ferien- und Messedaten, Zeitzonen, lokale Feste und Feiertage, Geburtstags- und Jubiläumslisten.

CHECKLISTE: Ihre Terminplanung

- ✔ Alle Termine sofort eintragen.
- ✔ Alle Termine besprechen, vergleichen, abstimmen.
- ✔ Den Chef an Termine erinnern.
- ✔ Termine mit einem Stichwort versehen.
- ✔ Termine kontrollieren.
- ✔ Unterscheiden Sie bestätigte und unbestätigte Termine.
- ✔ Legen Sie Unterlagen für Termine bereit.
- ✔ Streichen Sie erledigte Termine.
- ✔ Benutzen Sie ein Zeitplanbuch anstelle des Terminkalenders
- ✔ Machen Sie elektronische Terminabsprachen.

Wie auch immer Ihre Planung beschaffen ist, folgendes sollten Sie bei Ihrer Terminplanung beachten:

Kalender

Eines der wichtigsten Planungsmittel im Sekretariat ist der Terminkalender. Normalerweise muß die Sekretärin zwei Kalender führen, einen für den Chef und einen für sich selbst. Manche Sekretärinnen verwalten sogar drei oder mehr Kalender: den Taschenkalender des Chefs, den Urlaubskalender, den Kalender für Geburtstage usw.

Grundsatz: Führen Sie nicht mehr als zwei Kalender. Entscheiden Sie sich für zwei Kalenderarten, entweder Jahreskalender, Monatskalender, Wochenkalender oder Tageskalender. Wenn Sie alle Kalender führen wollen, benötigen Sie mehr als zehn Minuten → Tagesplanung. Außerdem kommt es zu Übertragungsfehlern.

Für langfristige Termine legen Sie einen Jahresplan an. Hier sind alle nicht veränderlichen Termine eingetragen, beispielsweise Ferien, Feiertage, Messen, Geburtstage usw. Wenn sie mehr mittelfristige Termine haben, kommen für Sie Monatspläne, bei kurzfristigen Terminen Wochen- oder Tagespläne in Frage.

Terminabsprachen

Falls Sie für mehrere Personen einen Termin koordinieren, legen Sie sich eine Matrix an. Legen Sie verschiedene Terminvorschläge fest, und fragen Sie bei den Teilnehmern alle Vorschläge ab. Blockieren Sie bei allen die Zeiten, und geben Sie diese erst frei, wenn der endgültige Termin feststeht.

Terminabstimmung				
Thema:	**Ort: Frankfurt**			
Projekt „Zeitbuch“	**Terminvorschläge**			
Name	11.02.	25.02.	02.03.	06.03.
Hr. Sander		X	X	X
Fr. Brendel	X		X	X
Hr. Nolte	X	X	X	
Fr. Zelms			X	X
Hr. Wellmann		X	X	

Termine per EDV

Viel einfacher läßt sich dieses Verfahren handhaben, wenn alle Mitarbeiter einen elektronischen Kalender führen müssen. Dann nimmt Ihnen der Computer die Arbeit der Abstimmung ab. Sie brauchen lediglich den Tag, die Uhrzeiten „von“ „bis“ sowie die von dem „Gruppentermin“ betroffenen Mitarbeiter in das System einzugeben. Sehr schnell gewinnen Sie dann einen Überblick, ob zu dem gewählten Zeitpunkt auch wirklich alle anwesend sein können.

Für den Fall, daß es zu dem konkret gewählten Zeitpunkt Terminüberschneidungen gibt, wird der mögliche Terminzeitpunkt einfach großzügiger gewählt: So suchen Sie beispielsweise innerhalb des Zeitraums einer Woche nach übereinstimmenden freien Terminen. Wenn Sie auf diese Weise einen möglichen Zeitraum gefunden haben, werden alle Mitarbeiter per „Rückantwort E-Mail“ (→ Post) benachrichtigt. Erst wenn alle Teilnehmer geantwortet und bestätigt haben, wird der Gruppentermin gebucht. Wenn Sie noch zusätzlich einen elektronischen Raumbelegungsplan nutzen können, wird ein entsprechend großer Raum gleich mitgebucht. Den Teilnehmern können Sie nun zusammen mit der endgültigen Terminbestätigung auch die zu besprechenden Tagesordnungspunkte „zumailen“. Das alles setzt natürlich voraus, daß alle betroffenen Mitarbeiter ihre elektronischen Terminkalender auch tatsächlich „pflegen“.

Terminieren – aber richtig

Jeder notierte Termin sollte auf seine → Priorität geprüft werden. Ist er wirklich bedeutend, kann er im Zweifelsfall verschoben oder abgesagt werden. Setzen Sie Ihre Termine nicht zu spät. Planen Sie Zeit für verschiedene Arbeitsabläufe ein. Denken Sie dabei auch an Terminzusammenhänge, beispielsweise ist für eine → Besprechung auch ein Raum zu reservieren und vorzubereiten.

Machen Sie nicht alle Termine zu „eiligen“ Terminen. Das setzt andere unter Druck und → Streß, und das ist nicht nötig. Abgesehen davon machen Sie sich durch ständige „Feuerwehreinsätze“ unglaubwürdig. „Eilt sehr“ gilt nicht für jeden Termin, und außerdem ist diese Angabe ungenau. Die → Zielvorgabe kann hier nur lauten: „Bitte fertigstellen bis Freitag 11 Uhr.“ Jede Arbeitsanweisung ohne genaue Terminangabe ist unvollständig.

Terminüberwachung

Die Terminsteuerung und -überwachung wird mit Hilfe der Wiedervorlagemappe 1 bis 31 (Pultordner) oder auch mit 1 bis 31 Hängemappen am Arbeitsplatz erledigt. Dort liegen kopierte Anschreiben oder Zettel mit dem Vermerk (WV) Wiedervorlage. Sekretärinnen, die nur wenige Vorgänge zu überwachen haben, tragen ihre Wiedervorlage in den Terminkalender ein. Das ist allerdings nur sinnvoll bei wirklich überschaubaren Vorgängen. Denn der große Nachteil bei dem Eintrag in den Kalender ist, daß alle Vorgänge, die mehrmals notiert werden müssen, weil beispielsweise die erwarteten Unterlagen nicht eingehen, immer wieder neu eingetragen werden müssen. In der Wiedervorlagemappe wird die Notiz einfach in ein anderes Datumsfach geschoben.

Die Wiedervorlage muß jeden morgen durchgesehen werden. Das muß für die Sekretärin so selbstverständlich sein, wie der tägliche Blick auf den Kalender.

Die Frage, ob Pultordner oder Mappen, ist davon abhängig, wie viele Personen die Wiedervorlage mitbenutzen. Arbeiten Sie alleine, ist der Schreibtischauszug sinnvoll. Haben andere Zugriff, empfiehlt sich der zentral ausliegende Pultordner. **In aller Regel gehören keine Originale in die Wiedervorlage**.

Vorgänge, die nicht sofort bearbeitet werden können, kommen in → Ablagemappen, ein entsprechender Vermerk findet sich in der Wiedervorlage.

Wiedervorlage per EDV

Termine für Meetings, regelmäßige Besprechungen, Urlaubsplanungen, Kundengeburtstage, Dokumente, die bearbeitet, Briefe, die geschrieben werden müssen, Telefonate, die zu führen sind, und auch delegierte Aufgaben, all das finden Sie täglich in Ihrer elektronischen Wiedervorlage, nach Prioritäten geordnet. Das Heraussuchen einer Kundenakte, die Suche nach den Notizen Ihres Chefs entfallen, da sich per Knopfdruck alle relevanten Unterlagen auf dem Bildschirm befinden. Durch elektronisches „Abhaken“ wird ein erledigter Vorgang automatisch aus der Wiedervorlage entfernt. Aufgaben, die Ihnen von anderen Mitarbeitern delegiert worden waren, werden nach Erledigung in die elektronischen Delegationslisten der Auftraggeber gestellt. Wiederfinden können Sie diese Dokumente später beispielsweise in der elektronischen Kundenakte, nach Schlagworten etc. → EDV, Kapitel → „Schöne neue Welt“.

▶ Fehler im Terminkalender

- ✔ Keine Zielsetzung, sondern nur Terminsetzung
- ✔ Keine Zeitangaben bei Aktivitäten
- ✔ Keine vorausschauende Tagesplanung
- ✔ Keine zusammenliegenden Arbeitsblöcke
- ✔ Keine „Luft“ für Spontanes und Unerwartetes
- ✔ Keine Prioritätensetzung
- ✔ Keine klaren Definitionen der Aktivitäten
- ✔ Keine eingeplante Zeit für Routine- und Daueraufgaben

Zeitplanbuch

Was ist ein Zeitplanbuch?

Das Zeitplanbuch ist ein Loseblattsystem, das in einem Ringbuch zusammengefaßt ist. Dabei ist es in verschiedene Rubriken sinnvoll unterteilt und übersichtlich geordnet.

Das Zeitplanbuch ist → Terminkalender, Tagebuch, Notizbuch, → Planungsinstrument, Erinnerungshilfe, Adreßregister, Nachschlagewerk, Ideenkartei und Kontrollwerkzeug zugleich: Ein ständiger persönlicher Begleiter – sozusagen Ihr schriftliches Gedächtnis, das immer und überall zur Hand ist.

Das Zeitplanbuch ist der noch fehlende, praktische Teil eines konsequenten Zeitmanagements, nämlich Ihr persönlicher Arbeitsspeicher aller Zeitpläne, → Checklisten und Formulare für die tägliche Praxis. Das Zeitplanbuch sorgt für eine erfolgreiche und persönliche → Zielplanung.

Sie haben nicht nur sämtliche kurz- oder langfristigen Termine im Griff, sondern einen ständigen und vollen Überblick über sämtliche Dispositionen, Pläne und größere Vorhaben. Sie können flexibel auf jede geänderte Situation reagieren und Ihre verschiedenen Zeitpläne jederzeit auf aktuellem Stand halten.

Zur Zeit sind ca. 80 Zeitplanbücher auf dem Markt. Es gibt sie in unterschiedlichen Größen und zu unterschiedlichen Preisen. Auch die Lochungen sind verschieden, so daß die Übertragung von Formblättern und Checklisten oft erschwert ist.

Gemeinsam sind Ihnen fünf Standardelemente: das Kalendarium, der Aufgabenspeicher, die Tagesplanung, das Anschriftenregister und ein Informations- oder Ideenspeicher.

Aufbau eines Zeitplanbuches für Sekretärinnen

Seit zwei Jahren gibt es den „Sekretariat Timer", der speziell für die Arbeit im Sekretariat konzipiert wurde. Er ist folgendermaßen aufgebaut:

Kalenderteil – Jahresübersicht

Hier können Sie neben der herausklappbaren Jahresübersicht für wiederkehrende Ereignisse die Monatspläne und die Messeübersicht einheften.

Kalenderteil – Wochenplanung

Viele Sekretärinnen brauchen den Wochenüberblick für die bessere Übersicht. In diesem Zeitplanbuch wurde diesem Bedürfnis Rechnung getragen und eine Woche abgebildet.

Kalenderteil – Tagesplan

Besondere Bedeutung kommt dem Tagesplan zu. Grundprinzip: pro Tag ein Blatt! Bewährt hat sich hier vor allem das praktische Termin-Zeichen mit dem Aufdruck „Heute", das einen schnellen Zugriff auf die einzelnen Tage der betreffenden Woche ermöglicht.

Weiterhin finden Sie Vormerkblätter für nachfolgende Monate und Wochen, die die Übertragung von Terminen und Zielsetzungen auf die einzelnen Wochen und Tage erleichtern.

Die einzelnen Tagesblätter können Sie nach Gebrauch in speziellen Kästen ablegen. Im Laufe der Zeit erhalten Sie so ein lückenloses Zeitarchiv.

Neu hinzukommende Tagesblätter werden mit allen Terminen und Aufgaben aus den Wochen- und Monatsblättern versehen; auch Termine für Geburtstage, Jubiläen, Urlaube, Veranstaltungen, Zahlungstage etc. werden aus entsprechenden Listen übernommen und eingetragen. So können Sie auch Ihre gesamten privaten Dinge integrieren mit dem Ergebnis, daß Ihnen nichts mehr verloren geht – bei entsprechender regelmäßiger Durchführung und Kontrolle.

Aktivitäten und Projekte

Hier können Sie in kurzer und kompakter Form auf entsprechenden Form- und Notizblättern die wichtigsten Listen und Informationen niederlegen und ständig mit sich führen, zum Beispiel Projektplanung und Aktivitätenliste. Beide Listen sind ausklappbar.

Infos und Checklisten

Da hinter jedem erfolgreichen Chef eine erfolgreiche Sekretärin steht, sind in diesem Teil bereits vorbereitete Informationsblätter und Checklisten abgedruckt: Musterstellenbeschreibung, Verbandsadressen, Korrespondenztips, Dienstleister, Postgebühren, Buchstabieralphabet, Schriftgutfristen, Telefontips, Checklisten für Konferenzen und Dienstreisen.

Adreß- und Telefonregister

Sie haben ständig Ihre wichtigsten Telefonnummern und Adressen zur Hand, die häufig gebraucht werden.

Privatnotizen

Hier können Sie von Privatbudget bis Bücherliste alles einheften, was Sie möchten. Die Fitneß- und Ernährungstabelle findet hier genauso Platz wie der Bundesliga-Spielplan. Dazu brauchen Sie allerdings einen Locher, den der Hersteller zusätzlich anbietet.

Allgemeiner Teil

Klarsichthüllen und Umschlagtaschen bieten Ihnen schließlich noch die Möglichkeit, zusätzliche Dinge wie Eurocheques, Briefmarken oder Paßbild unterzubringen.

Praktische Anwendung

Durch den Einsatz und die Anwendung des Zeitplanbuches können Sie Ihre gesamte Arbeit täglich, wöchentlich und monatlich besser planen, organisieren, koordinieren und rationeller mit Ihrer Zeit umgehen.

Brauchen Sie ein Zeitplanbuch?

Hier müssen zwei Situationen unterschieden werden: Wenn Sie feststellen, daß Ihre Arbeit relativ vorstrukturiert ist und Sie nur wenige Termine pro Tag aufnehmen und verwalten müssen, dann kommen Sie mit den herkömmlichen → Terminplanungsmitteln sicherlich zurecht.

Wenn Sie jedoch viele Termine und viele verschiedenartige Aktivitäten zu koordinieren haben, werden Sie sich besser bei den Tages-Zeitplanern (Tagesübersicht auf zwei Seiten) oder bei den Zeitplanbüchern umsehen müssen. Dabei lassen Sie die Arbeitstechnik des Chefs miteinfließen. Arbeitet er zum Beispiel mit einem Zeitplanbuch, dann ist auch für Sie dieses Hilfsmittel dem Terminkalender vorzuziehen. Wenn Sie bisher keine Planungsmittel konsequent verwendet haben, wird auch ein Zeitplanbuch Sie nicht entscheidend voranbringen. Das Zeitplanbuch ist lediglich ein Instrument, ein Arbeitsmittel wie ein Kalender, das → Balkendiagramm oder ein Informationsbuch; es ist kein Allheilmittel. Voraussetzung für ein professionelles Zeitmanagement ist in erster Linie die konsequente Verwendung Ihrer Planungsinstumente.

Zettelwirtschaft

oder die „gelbe Gefahr"

Frau Wirrser kommt am Donnerstag morgen ins Büro. Sie hat gestern einen Tag Urlaub gehabt. Ihr erster Blick fällt auf ihren Computer-Bildschirm. Er ist in einem gefährlichen Zustand, denn er hängt voller kleiner gelber Zettel. Ebenso ist Ihre Schreibtischfläche nicht mehr zu sehen, alles ist voll mit Zetteln und Papieren. Frau Wirrser überlegt einen Moment, ob sie die „gelbe Gefahr" mit einem Ruck abreißen und sie mit allen anderen Zetteln wegschmeissen soll. Doch dann siegt die andere Hälfte ihres Ichs, und trotz des Ärgers, den sie empfindet, fängt sie an, die einzelnen „Post-Its" vorsichtig vom Monitor zu lösen, sie zu entziffern und Vorgängen zuzuordnen ..."

Was können Sie Frau Wirrser raten? Hier einige Tips:

TIPS:

- ▷ Installieren Sie einen Posteingangskorb an Ihrem Schreibtisch, und erklären Sie jedem Mitarbeiter, daß Sie keine Arbeit annehmen, die nicht in diesem Körbchen ist.
- ▷ Bitten Sie darum, daß, wenn Zettel benutzt werden, sie die Größe DIN-A4 haben sollten, damit nichts hinter Heftklammern oder unter anderen Papieren verlorengehen kann.
- ▷ Legen Sie ein Informationsbuch auf Ihren Tisch. Dort kann jeder seine Nachrichten hineinschreiben.
- ▷ Benutzen Sie E-Mail oder, falls vorhanden, andere Möglichkeiten der → EDV.

Zettelwirtschaft ist eine Krankheit, die heilbar ist: Hören Sie deshalb auf, sich tausend kleine Notizzettel zu machen. Die Zettelwirtschaft trägt erheblich zu Ihrem → Schreibtisch-Wirrwarr bei; Notizen gehen schnell verloren und erschweren überdies den Überblick.

Schreiben Sie lieber alles in Ihr Informationsbuch oder in das → Zeitplanbuch.

▶ TIP:

Weg mit den Zetteln!

Ziele und Zielsetzung

„Definieren Sie Ihre Ziele!“ Im Sekretariat ist das keine leichte Aufgabe. Was ist, wenn alle Arbeiten fremdbestimmt sind? Bleibt überhaupt Freiraum für eigene Ziele? Und was versteht man unter Ziel? Unternehmensziel? Ziel der Stelle? Arbeitsanweisungen? – Versuchen Sie es erst einmal an einem Beispiel:

„Ab nächsten Monat möchte ich mehr Zeit für meine F....(amilie, Freunde, Freizeit o. ä.) haben.“ Ist das ein Ziel? Nein, dies ist ein Wunsch, ein Traum, ein Vorsatz. Denn in einigen Wochen sagen Sie wieder: „Ich möchte ab nächsten Monat ...“

Wie sieht Ihre Version aus?

Ab ______________________________

____

____

____

Ziele müssen so formuliert werden, daß sie folgenden Kriterien genügen:

- klar, konkret, kalkulierbar
- meßbar, machbar, motivierbar
- Final- bzw. Finishformulierung

Unser Beispiel lautet dann:

„Ab 1. September 1994 bin ich jeden Dienstag und jeden Donnerstag um 17 Uhr 30 zu Hause, um mit Susanne bis 19 Uhr Tennis zu spielen." Was hier für den privaten Bereich formuliert ist, gilt ebenso für das Büro. Auch hier ist es wünschenswert, wenn eigene und fremde Ziele klar und konkret formuliert sind. Nicht „so schnell wie möglich", sondern „Termin ist Mittwoch, 10 Uhr." Nicht „so billig wie möglich", sondern „die Limits sind 2,50 DM pro Stück".

Auch Arbeitsanweisungen sind Ziele. Sie müssen präzise, zeitbezogen, quantifiziert, mit Ober- und Untergrenzen versehen,

Anforderungen an Arbeitsanweisungen (Ziele)

- **Präzise Formulierungen**
  – statt: „Kaufen Sie so billig wie möglich", „Die Limits sind ..."
- **Zeitbezogenheit**
  – statt: „Sobald als möglich",„Spätestens bis ..."
- **Quantifizierung**
  – mit Hilfe von Zeit-, Kosten-, Quantitäts- und Qualitätsstandards
- **Ober- und Untergrenzen**
  – „Eintreffend frühestens am ...", „Spätestens am ..."
- **Frei von Widersprüchen**
  – Abstimmung von Plänen und Anweisungen
- **Realitätsbezogenheit**
  – Keine utopischen Anforderungen stellen

frei von Widersprüchen und realitätsbezogen sein. Das Ergebnis zählt, nicht die Aktivitäten.

Wenn die Zielformulierungen so konkret sind, haben Sie und Ihre Vorgesetzten einen guten Maßstab zur Beurteilung von Leistungen. Sie selbst haben das gute Gefühl zu wissen, was Sie geschafft haben. Das Ziel ist erreicht. Sie klopfen sich auf die Schulter, Ihr Selbstbewußtsein steigt.

Die langfristige Festlegung von Zielen erfolgt in einigen Abteilungen gemeinsam. Chef und Sekretärin einigen sich auf bestimmte Zielformulierungen, beispielsweise die Neuorganisation des Büros, um die Effizienz zu steigern, Terminkoordination per PC, bessere Planung der Reisen, Erstellung von Sparprogrammen. Diese Führung durch Zielvorgaben wird unter → Management by Objectives beschrieben.

Leider herrscht nicht in allen Sekretariaten eine solche zielorientierte Ausrichtung. Viele Kolleginnen können (oder dürfen) weder die eigenen Ziele formulieren, noch kennen sie die Unternehmensziele. Sie sind täglich abhängig von Weisung, Order, Appell. Sie erledigen die Routinetätigkeiten, sind aber nicht in die Gesamtzusammenhänge eingebunden. Nicht die Zielsetzungen und die Planungen bestimmen den Tagesablauf, sondern die „nicht vorhersehbaren“ Ideen des Vorgesetzten. Kritisch wird die Situation, wenn immer mehr Arbeit anfällt und Überstunden an der Tagesordnung sind.

Was tun?

Wenn Sie von Ihrem Vorgesetzten „ziellos“ gelassen werden, versuchen Sie selbst zu definieren, was Sie machen müssen. Folgende Fragen sollen Ihnen dabei helfen!

Fragen	Antworten
Welche Unternehmensziele haben wir?	
Was ist die Aufgabe unserer Abteilung?	
Welche Beschreibung meiner Stelle gibt es?	

Sollten Sie keine Stellenbeschreibung haben, listen Sie die Tätigkeiten einmal auf, die Sie täglich, wöchentlich, monatlich, jährlich ausführen müssen.

Tätigkeit	tägl.	wöch.	monat.	jährl.
Urlaubslisten führen				
Schriftverkehr Hr. Sander				
Blumen gießen				
Kasse führen				
Inventur				

Sie sehen daraus, daß Ihre Arbeit nicht nur ein einziges Ziel (zum Beispiel → Terminplanung) verfolgt, sondern ein aus mehreren Zielen bestehendes Zielbündel (zum Beispiel → Besprechungen, → Reisen, → Telefon) ist. Durch dieses Bündel von Zielen kann es nun zu Zielkonkurrenz oder -differenz kommen. Eine typische Situation: Sie haben einen Chef und eine Chefin. Der Chef will bis 11 Uhr eine Reklamationsbearbeitung (Ziel: Kundenzufriedenheit), Ihre Chefin möchte bis 11 Uhr ein Angebot geschrieben haben (Ziel: Umsatzsteigerung). Welches Ziel wichtiger ist, läßt sich nicht immer vom eigenen Schreibtisch bestimmen. Im Zweifelsfall bitte nachfragen und die → Prioritäten setzen lassen. Heißt die Antwort aber „Entscheiden Sie!“, dann beweisen Sie „Mut zur Lücke“. Besser eine → Entscheidung treffen, als gar nichts tun. Eventuell könnten Sie telefonieren, oder Sie versuchen, eine Kollegin mit in das Schreiben des Angebotes einzubinden. Letztendlich sollte die Formulierung von Zielen Ihren Tagesablauf bestimmen. Denn Ziele setzen heißt: anfangen, an die Zukunft zu denken und die Kräfte zu konzentrieren. Ziele festlegen heißt auch: aktiv sein Leben gestalten und nicht mit „Gott Zufall“ zu rechnen.

- ▷ **Vorsätze → streichen**
- ▷ **Wünsche → pflegen**
- ▷ **Träume → träumen**
- ▷ **Tagträume → überprüfen**
- ▷ **Ziele → verfolgen**

Teil C
Ende gut, alles gut

Realtime (Fortsetzung)

Ein Bürotag ...

Während Frau Wirrser noch überlegt, wie sie das alles schaffen soll, kommt die Kollegin Frau Helfschmidt herein. Sie setzt sich und legt ihr Zeitplanbuch auf den Tisch. Es ist 14 Uhr.

Frau Helfschmidt arbeitet normalerweise in einer anderen Abteilung. Sie soll zukünftig Frau Wirrser im Urlaubs- oder Krankheitsfall vertreten. Auch in den Fällen, in denen Frau Wirrser mit Sonderaufgaben und Projekten betraut wird, soll Frau Helfschmidt einspringen. Darum wurde vereinbart, daß Frau Helfschmidt in dieser Woche jeden Tag zwei Stunden mit Frau Wirrser verbringt, damit sie sich in deren Büro auskennt.

Frau Helfschmidt ist eine sehr erfahrene Kollegin. Alle Mitarbeiter des Hauses begegnen ihr mit Respekt.

Als erstes bittet Frau Helfschmidt Herrn Dressler, ausnahmsweise für eine Stunde das Abteilungstelefon zu übernehmen, damit die beiden Sekretärinnen konzentriert ihre Arbeitsbesprechung durchführen können. Sie informiert auch die Telefonzentrale darüber, daß der Apparat von Frau Wirrser/Leuschner im Moment von Herrn Dressler geführt wird.

Dann schlägt Frau Helfschmidt Frau Wirrser vor, gemeinsam die sich auf dem Schreibtisch häufenden Unterlagen zu sichten und zu sortieren. Frau Helfschmidt möchte auf diese Weise klären, wie sie die Arbeit von Frau Wirrser erledigen kann.

Die beiden legen nun mehrere Stapel an. Auf dem einen Stapel liegen alle noch zu erledigende Telefonate. Auf dem nächsten

Stapel befindet sich alle Korrespondenz, die Frau Wirrser noch bearbeiten muß. Die Ablage bildet den dritten Stapel. Alle anderen Aufgaben sind auf dem vierten Stapel.

Gerade wollen sich die beiden Sekretärinnen den Stapel der unerledigten Telefonate genauer ansehen, als der Kollege Schnell aus der Nachbarabteilung kommt und um Hilfe bittet. Er möchte, daß Frau Wirrser sofort ein Schreiben für ihn aufsetzt und dann versandfertig macht. Frau Wirrser will schon „ja" sagen, aber Frau Helfschmidt fragt den Kollegen sofort, warum denn seine Abteilungssekretärin das Schreiben nicht erledigen kann. Es stellt sich heraus, daß die Kollegin heute nicht mehr im Hause ist. Daraufhin fragt Frau Helfschmidt, um was es in diesem Schreiben denn ginge, und schlägt vor, den Brief persönlich zu schreiben, falls die Kollegin morgen früh nicht selbst dazu kommen sollte. Im Moment ginge es leider nicht, weil Frau Wirrser und sie gerade einige Arbeitsabläufe durchsprechen müßten.

Frau Wirrser bewundert die Art und Weise, wie Frau Helfschmidt „nein" sagen kann. Frau Helfschmidt und Frau Wirrser kochen Kaffee, bringen Herrn Dressler eine Tasse und stellen dann das Telefon wieder um. Herr Dressler hat die zehn eingegangenen Gespräche auf Telefonnotizformularen notiert.

Inzwischen ist es 14 Uhr 45. Frau Wirrser und Frau Helfschmidt kümmern sich nun wieder um den Stapel Telefonate und um die Gesprächsnotizen. Zuerst erledigen sie alle Rückrufe.

Frau Wirrser fällt auf, daß sich Frau Helfschmidt alle Informationen in ihrem Zeitplanbuch aufschreibt. Sie hatte sich gedacht, daß diese kompetente Frau alle Dinge im Kopf hat. Aber das ist nicht so.

Frau Wirrser und Frau Helfschmidt arbeiten zusammen bis 16.00 Uhr. Dabei benutzt Frau Helfschmidt immer wieder die erst kürzlich installierte elektronische Post und auch andere Programme, die sich bei Frau Wirrser auf dem PC befinden. Frau Wirrser hatte bisher noch keine Zeit, sich diese neuen Dinge anzueignen. Frau Helfschmidt erzählt ihr, daß ein EDV-Trainer sie während eines Einzeltrainings sehr individuell in die einzelnen Programme eingewiesen hätte. Schon nach wenigen Stunden sei sie fit auf dem Computer gewesen.

Nachdem Frau Helfschmidt sich verabschiedet hat, schaut Frau Wirrser über ihren Schreibtisch. Sie hat wirklich viel Arbeit. Aber zu schaffen ist dieses Chaos auch! Vielleicht nicht alle Arbeiten, aber die, von denen ihre Chefin immer sagt, sie wären die wichtigsten. Frau Wirrser überlegt kurz, dann greift sie zum Telefon und ruft ihre Freundin Maria an: „Hast Du noch Lust und Zeit, mit mir heute abend auszugehen? Ich mache jetzt Feierabend! Und Du, ich muß Dir etwas erzählen ...“

Dank

Tips und Ideen zum Thema Zeitmanagement lieferten Dr. Ursula Birner, Harald Busch, Georg Franke, Christel Krug, Ingrid Kürten, Christine Maurer, Ulrich Meißner und Joachim Sander.

Bücher Kreth hat uns großzügig mit Materialien versorgt.

Andrea Blumenauer und Sabine Zelms waren mit ihrem Arbeitseinsatz und ihren Ideen zum Thema „Realtime“ ebenso an der Erstellung des Buches beteiligt wie unsere türkischen Nachbarskinder, Cem und Nurettin, die jeden Tag an unserem Fenster standen und fragten, wieviel Seiten wir schon geschafft hätten.

Vielen Dank!

Literaturverzeichnis

BIALLO, HORST: Von der Sektretärin zur Führungskraft, Ueberreuter Verlag, Wien 1992

BRUHN-JADE, CHRISTA: Sekretärinnenlexikon, moderne industrie, Landsberg am Lech 1992

DORNHÖFER-NEUMANN, KARIN: Sekretariat, Gabler Verlag, Wiesbaden 1988

DRECHSLER, URSULA: Chefentlastung mit System, Hueber Verlag, München 1984

GÄTJENS-REUTER: Ablage, Gabler Verlag, Wiesbaden 1993

HAUPT, HEINZ: Zeitmanagement für die Sekretärin, Ueberreuter Verlag, Wien 1988

KERLER, RICHARD: Hunderteins praktische Tips für Zeitmanagement und Chefentlastung, moderne industrie, Landsberg am Lech 1989

MACKENZIE, ALEC R.; WALDO, KAY CRONKITE: Die doppelte Zeitfalle, Sauer Verlag, Heidelberg 1992

SCHLIZ, ANNELORE; WINTER, HANNELORE: Karriere im Sekretariat, Langen-Müller Verlag, München 1984

SEIWERT, LOTHAR J.: Das Einmaleins des Zeitmanagement, Gabal Verlag, Bremen 1994

UHLMANN, REGINE; SCHELLER, MONIKA: Schaltstelle Sekretariat, Expert Verlag, Renningen-Malmsheim 1990

Die Autoren

Andreas Wellmann, geboren 1956, baute für ein Softwarehaus den bundesweiten Vertrieb auf. Er leitete das Profitcenter „Mittelstand“ eines Computer-Einzelhändlers und die Niederlassung einer Unternehmensberatung für Bürokommunikationslösungen. Seit 1994 ist er selbständiger Unternehmensberater mit den Schwerpunkten Groupware, Bürokommunikation, Informationsmanagement und Vertriebsinformationssysteme. Er lebt in Frankfurt am Main.

Regina Zelms, geboren 1959, studierte nach ihrer Ausbildung als Buchhändlerin Germanistik, Politik und Pädagogik. Danach baute sie eine Schulungsabteilung im Computereinzelhandel auf. Seit 1987 arbeitet sie als Trainerin. Themen: Kommunikation, Rhetorik, Arbeitsorganisation und Zeitmanagement. Seit 1989 ist sie Inhaberin der Seminarorganisation PaSO in Frankfurt am Main.